Peter Schallenberg

Kirche ohne Moral?
Was die Kirche trotzdem zu bieten hat

Peter Schallenberg

KIRCHE OHNE MORAL?

Was die Kirche trotzdem zu bieten hat

Bibliografische Information der Deutschen Nationalbibliothek:
Die Deutsche Nationalbibliothek verzeichnet diese Publikation in der
Deutschen Nationalbibliografie; detaillierte bibliografische Daten sind im
Internet über http://dnb.d-nb.de abrufbar.

Klimaneutrale Produktion.
Gedruckt auf umweltfreundlichem, chlorfrei gebleichtem Papier.

© 2023 Bonifatius GmbH Druck | Buch | Verlag, Paderborn
Alle Rechte vorbehalten. Das Werk darf – auch teilweise – nur mit
Genehmigung des Verlags wiedergegeben werden, denn es ist urheberrechtlich
geschützt.

Bibelzitate wurden, wenn nicht anderweitig gekennzeichnet,
folgender Bibelausgabe entnommen:
Einheitsübersetzung der Heiligen Schrift,
vollständig durchgesehene und überarbeitete Ausgabe
© 2016 Katholische Bibelanstalt GmbH, Stuttgart.

Umschlaggestaltung: Melanie Schmidt, Bonifatius GmbH
Umschlagabbildung: AdobeStock
Satz: Bonifatius GmbH, Paderborn
Druck und Bindung: CPI books GmbH, Leck
Printed in Germany
ISBN 978-3-98790-012-9

Weitere Informationen zum Verlag:
www.bonifatius-verlag.de

INHALT

1. Was die Kirche nicht ist: Moralanstalt 7

2. Was das Paradies bedeutet:
   Urvertrauen zum Leben 29

3. Was der Staat sein soll:
   Ordnung im Chaos 45

4. Was die Kirche sein kann:
   Raum der Liebe Gottes 67

5. Was die Ewigkeit sein wird:
   Genuss ohne Reue 95

6. Was heute zu tun ist:
   Der erste Schritt zum Frieden –
   nicht zum Friedhof! 113

Literatur 133

1. WAS DIE KIRCHE NICHT IST: MORALANSTALT

Der Titel des Buches könnte Bitterkeit und Spott hervorrufen: Ist nicht allen seit Jahren deutlich, dass die Kirche längst ohne Moral lebt, bestenfalls eingerichtet in einer zweckdienlichen Doppelmoral? Haben nicht seit 2010 die Fälle von sexuellem Missbrauch im Raum der Kirche überdeutlich gezeigt, dass die Kirche jede moralische Glaubwürdigkeit verloren hat? Und zeigen nicht weiterhin die erschreckend hohen Austrittszahlen aus beiden christlichen Kirchen, dass sehr viele Menschen jedes Vertrauen in die Kirchen verloren haben?

Das alles soll in diesem Buch weder geleugnet noch widerlegt werden. Es soll vielmehr einmal um einen anderen Blick auf die Kirche, hier speziell die katholische Kirche, gehen: Was würde fehlen ohne die Kirche? Was bedeutet die Kirche eigentlich? Was will sie überbringen und was ist das Ziel der Kirche? Und nicht zuletzt: Gibt es moralische Grundwerte des menschlichen Lebens, die ohne die Kirche in Vergessenheit gerieten? Grundwerte, die zu tun haben mit Paradies und Staat und Ewigkeit? Grundwerte, die uns Menschen daran erinnern, dass wir keinesfalls einfach nur einigermaßen erzogene und in Menschenkleider gestopfte Menschenaffen sind, wie das der schwäbische Schriftsteller Wilhelm Hauff (1802–1827) in seinem sehr amüsanten Märchen „Der Affe als Mensch" anschaulich ins Bild bringt:

„Wer beschreibt das Erstaunen der Grünwieseler, als sie dies hörten! ‚Was, ein Affe? ein Orang-Utan in unserer Gesellschaft? Der junge Fremde ein ganz gewöhnlicher Affe?' riefen sie, und sahen einander ganz dumm vor Verwunderung an. Man wollte nicht glauben, man traute seinen Ohren nicht, die Männer untersuchten das Tier genauer, aber es war und blieb ein ganz natürlicher Affe. ‚Aber wie ist dies möglich!' rief die Frau Bürgermeisterin, ‚hat er mir nicht oft seine Gedichte vorgelesen? Hat er nicht, wie ein anderer Mensch, bei mir zu Mittag gespeist?' / ‚Was?' eiferte die Frau Doktorin; ‚wie? Hat er nicht oft und viel den Kaffee bei mir getrunken, und mit meinem Mann gelehrt gesprochen und geraucht?' / ‚Wie! Ist es möglich!' riefen die Männer, ‚hat er nicht mit uns am Felsenkeller Kugeln geschoben und über Politik gestritten, wie unsereiner?' / ‚Und wie?' klagten sie alle, ‚hat er nicht sogar vorgetanzt auf unsern Bällen? Ein Affe! Ein Affe? Es ist ein Wunder, es ist Zauberei!'" (W. Hauff, Sämtliche Werke in drei Bänden, Bd. 2, München 1970, 167f.)

Ebenso groß und gerechtfertigt wäre die Verwunderung der Grünwieseler Stadtgemeinschaft wohl, wenn sie Menschen begegneten, die sich einfach nur wie Rührei in der Pfanne empfinden würden. Sollten wir uns nicht viel eher wie Menschen empfinden, die durch die Rede von Gott und über Gott auf die Idee kommen könnten, sich als Ebenbilder eines solchen guten Gottes zu betrachten? Um solche fundamentalen Grundwerte von Menschen soll es gehen: Grundwerte, die durch die Kirche lebendig erhalten werden sollen.

Werte sind ganz wörtlich genommen persönliche Bewertungen von Fakten, also von vorgegebenen Tatsachen, zum Beispiel von Ehe oder Familie oder Demokratie oder Rechtsstaat. Gemeinschaftliche Grundwerte sind gemeinsame Bewertungen von Fakten aus der Sicht höchst unterschiedlicher Menschen. Wenn wir von moralischen Grundwerten sprechen, dann ist damit gemeint: Vorgegebene Gewohnheiten, also Moralitäten – vom lateinischen Wort *mos* für Gewohnheit oder Sitte herkommend – werden von unterschiedlichen Menschen gemeinsam bejaht und als verpflichtend für ein Zusammenleben bewertet. Moralische Grundwerte zeichnen sich gegenüber naturwissenschaftlichen Tatsachen dadurch aus, dass sie nicht feststehen, unabhängig vom Betrachter oder Bewerter, sondern eben abhängig sind vom bewertenden Betrachter. Ob jemand das Gesetz der Schwerkraft als wichtig oder unwichtig bewertet, spielt keine Rolle für die Gültigkeit dieses Naturgesetzes: Es gilt, auch wenn kein Mensch auf dieser Welt es als wichtig bewerten würde. Hier, im Raum der Naturwissenschaft, sprechen wir nicht von Werten, sondern von Fakten. Anders im Raum der Ethik: Hier sprechen wir ausdrücklich von Bewertungen, die erst aus vergebenen Gewohnheiten eine bestimmte Moralität entstehen lassen. Dies muss übrigens noch nicht in bestimmter Weise mit einem Inhalt einhergehen; gemeint ist mit Ethik zunächst nur eine Form des Nachdenkens über Gewohnheiten. Ist es also beispielsweise gut und richtig, Kriegsgefangene zu töten, oder wäre es besser, sie am Leben zu lassen, da sie im Unterschied zu Sachgegenständen (oder Sachgütern) einen eigenen Wert, unabhängig von der Bewertung des benutzenden Betrachters besitzen, der Würde genannt wird und sich als Person verkörpert? Und dies im Unterschied eben zum Tisch oder Schrank, dem allenfalls eine bestimmte Würde, weit über dem Gebrauchswert liegend, zukäme, weil er ein altes Erbstück der Großeltern ist. Moralische Grundwerte entstehen aus dem Bewusstsein gemeinsamer vorgegebener Traditionen und der damit einhergehenden Frage: Wie ist ein gutes und sogar besseres Leben von Menschen möglich? Helfen gemeinsame grundlegende Bewertungen von Gewohnheiten des Lebens bei der Bewältigung des menschlichen Lebens? Solche Fragen der Ethik können dann auch noch schärfer aus Sicht der theologischen Ethik formuliert werden: Welche Grundwerte verbinden wir mit Gott? Darauf antwortet aus katholischer Sicht die Kirche mit der Heiligen Schrift und der Tradition, vor allem mit den Sakramenten der geschenkten Liebe Gottes. Liebe ist bei Licht besehen der einzige große Grundwert, der von der Kirche verkündet werden soll. Liebe aber nicht verstanden als Lob eines Verhaltens, sondern als unbedingtes Ja zur Existenz und zur Person. Wie wird dieser Grundwert von der Kirche gelebt und verkündet? Ist die Kirche moralische Anstalt? Und kann die Kirche in modernisierter Gestalt einfach ein moralisches Vorbild sein? Diese Fragen stellen sich in der Moderne und in der westlichen Welt vermutlich sehr viel verschärfter, als je zuvor in der Geschichte des Christentums. Allerdings sind die Antworten auf diese Fragen sehr komplex und insgesamt die Diskussion um diese Fragen aus meiner Sicht zum Teil geradezu gespenstisch.

Ein Gespenst geht um in der katholischen Kirche, spätestens seit dem Ende des Zweiten Vatikanischen Konzils, also seit 1965. Im deutschsprachigen Raum und seit der Würzburger Synode (1971–1975) ist dieses Gespenst besonders sichtbar und lebendig: das Gespenst der Strukturreformen, oder auch: der äußeren

Reformen. Dazu zähle ich die seit Jahrzehnten immer wieder heiß und heftig diskutierten Themen der Abschaffung oder Beibehaltung des fälschlich so bezeichneten „Pflichtzölibates", der ja bei genauem Hinsehen so wenig wie die sakramentale und lebenslang gültige Ehe als Pflicht von der Kirche auferlegt, sondern freiwillig aus Liebe zu Christus und seiner sichtbaren Kirche versprochen wird. Zu solchen äußeren Reformen zähle ich auch die diskutierte Zulassung von Frauen zur Priesterweihe, die offizielle liturgische Segnung von homosexuellen Partnerschaften oder eine ökumenische Feier des Abendmahles.

Nicht, dass ich falsch verstanden werde: Über alle diese Themen und überhaupt über alle Themen außerhalb der exakten Naturwissenschaften und der präzisen Mathematik, außerhalb also, zugespitzt gesagt, des im Bannkreis der Erdschwerkraft ewig gültigen Gesetzes vom freien Fall, kann und soll man diskutieren und unterschiedlicher Meinung sein. Der Mensch lebt als Bürger zweier Welten: Er lebt in der Welt von theoretischer Vernunft der Physik und der Technik einerseits und der praktischen Vernunft der Metaphysik und der Ethik andererseits. Theorie und Praxis sind hier etwas anders verstanden als im normalen Sprachgebrauch: Theorie meint den Raum der bloßen Herstellung eines vor Augen stehenden Zieles, zum Beispiel die Herstellung eines Stuhles, der im Verstand des Stuhlmachers als Idee schon vorhanden ist, und nun mit Hilfe der Technik konkret hergestellt wird. Gleiches gilt für die Herstellung vieler anderer Dinge, harmloser und weniger harmloser: Ein Messer, eine Landmine, ein Panzer. Oder auch Giftgas, *agent orange* etwa, zunächst zur Vernichtung von Schädlingen in der Landwirtschaft, später im Vietnamkrieg zur Vernichtung von Menschen hergestellt. Alle diese Beispiele zeigen: Die Technik beantwortet nur die Frage nach dem „Was", nicht die Fragen nach dem „Warum". Anders gesagt: Wer ein Messer oder einen Panzer herstellt, korrekt und ohne technische Fehler, der handelt noch nicht moralisch, er handelt nur technisch, und antwortet auf die Frage „Was stellst du da her?" korrekterweise: „Einen Panzer". Er muss noch nicht antworten auf die Frage „Warum stellst du den Panzer her?". Oder vielmehr: Erst als Bürger in der zweiten Welt, in der moralischen Welt der Praxis, ist der Mensch konfrontiert mit der Frage nach dem „Warum", nach dem Ziel und der grundlegenden Idee, der Logik seines Menschseins und seines Lebens. Das deutsche Wort „Praxis" kommt von einem altgriechischen Verb, das „ausdrücken, Ausdruck verleihen" bedeutet. Dahinter steht die über 2000 Jahre alte Überzeugung: Der Mensch stellt nicht nur wie das Eichhörnchen im Herbst einen für den Winter ausreichenden Vorrat an

Nüssen her, sondern er fragt zugleich: Warum mache ich das? Was ist das Ziel dieses herstellenden Handelns? Der Mensch kann fragen: Was will ich herstellen? Und darüber hinaus – oder besser: sofort danach – kann er fragen: Was will ich mit meinem Handeln und in meinem Leben zum Ausdruck bringen? Wiederum konkret im Beispiel: Der Herstellung des Panzers folgt auf dem Fuß die moralische Frage: Was ist das Ziel und der Sinn des Panzers? Die wahllose Vernichtung von Menschen im Angriff oder die Abschreckung und die Selbstverteidigung gegen einen ungerechten Angriff? Und, nochmals anders gewendet, fragt der Mensch zum Beispiel nicht einfach „Was stelle ich mit meinem Ja-Wort in der Ehe oder in der Freundschaft her?" (Antwort: Sicherheit und Familie), sondern darüber hinaus: „Was möchte ich mit einem solchen Ja-Wort zum Ausdruck bringen?" (Antwort: Liebe und Treue).

Der Mensch ist nicht nur das technisch hoch entwickelte Tier; er ist zugleich der Mensch der Frage nach dem Sinn der Technik, und damit ist er ein Mensch der Moral. Ein Mensch der beständigen Frage nach dem Ziel von Technik und Gegenständen, zuletzt: nach dem Sinn des Lebens überhaupt. Ein Mensch mithin, der sich nicht einfach begnügt mit der Rückfrage „Ist der Panzer (das Messer, das Giftgas) technisch korrekt hergestellt?", sondern der darüber hinaus fragt: „Ist es gut, dass der Panzer (das Messer, das Giftgas) hergestellt wird?" Denn: Gut und richtig sind keinesfalls identische Begriffe, austauschbar und dasselbe meinend. Richtig (und falsch) sind die beiden grundlegenden Kategorien und Unterscheidungen der Technik; gut (und böse) dagegen sind die Kategorien der Moral. Und erst, wenn der Mensch sich und anderen die Frage nach dem Guten, das er in seinem Handeln und Leben zum Ausdruck bringen will, stellt, wird er ganz zum Menschen und überschreitet die Welt der Technik. Früher sprach man von Tugenden, inneren Haltungen und Werten und Grundüberzeugungen also, die in äußeren Handlungen zum Ausdruck kommen. Ein tugendhaftes Leben ist also keineswegs ein miesepetriges oder sauertöpfisches und an der Freude haarscharf vorbeigehendes verkniffenes Leben, sondern ein Leben, das mehr im Sinn hat, als nur die Herstellung technisch korrekter Dinge, so wichtig die auch sein mögen, um von A nach B zu kommen. Die Frage ist nur: Warum will oder soll ich von A nach B kommen, was ist also das Ziel – und insbesondere das letzte Ziel, das hinter allen technischen Mühen und Arbeiten liegt?

Die christliche Theologie sagt dazu nicht einfach und ohne weitere Umschweife: Gott ist das letzte Ziel des Menschen, sondern zuerst und mit Umschweifen: Stell dir vor, es gäbe jemanden, der sich so sehr für dich interessiert, dass er dir beständig die Frage stellt: Wozu das Ganze? Wozu das Leben? Warum die Mühe des Überlebens mit Hilfe höchst ausgefeilter Technik? Das Hamsterrad des alltäglichen Lebens ist nämlich nur erträglich (und ertragreich), wenn man weiß, was vor dem Hamsterrad war, wer das Hamsterrad zu verantworten hat und was nach (oder hinter) dem Hamsterrad kommt. Nach und hinter heißt übrigens in altgriechischer Sprache der Philosophen vor 2500 Jahren *metá*. Und daher kommt das theologisch wichtige Wort „Metaphysik", was soviel bedeutet wie „nach der Physik", oder auch „hinter der Physik". Wir würden das heute Sinn nennen: Gibt es einen Sinn hinter allem und was könnte das für ein Sinn sein? Gibt es einen Wert des Lebens und welche Werte will ich mit meinem Handeln befördern und ausdrücken? Diese Frage stellt sich natürlich in einer postmodernen und vom Wohlstand überaus verwöhnten Welt des Westens ganz anders als etwa in Afrika oder in Indien oder auch in der Welt der griechischen Philosophen.

Noch einmal von vorn und mit Blick auf die Kirche als Raum der Frage nach Gott: Erst kommt die Physik und dann die Metaphysik, erst die harten Fakten und dann die Deutung der Fakten, erst das Leben und dann die Frage nach dem Sinn (oder Unsinn) des Lebens. Und daher kann man außerhalb der Physik und Mathematik und im Raum der Metaphysik und der Ethik, und auch der Religion, über alles diskutieren und verschiedener Meinung sein. Freilich gehört es zur Tradition des Christentums, grundsätzlich von der jüdischen und dann der apostolischen Tradition auszugehen, sich dort zu verankern und dann weiterzudenken, also nicht, wie gewisse amerikanische Sektengründer, beim Punkt Null anzufangen, sondern im Einklang mit der lang dauernden eigenen Tradition zu denken und zu fragen. Anders gesagt: nicht bloß im Austausch und Dialog mit der lebenden, sondern ebenso mit der schon verstorbenen Tradition zu stehen.

Misstrauisch und auch etwas aufmüpfig werde ich oft, wenn es bisweilen und inzwischen recht oft heißt, solche Reformen und Neuerungen und Veränderungen, kurz: Modernisierungen, der römisch-katholischen Tradition seien geeignet, der im postmodernen Westen im Sinkflug befindlichen Kirche neues Leben einzuhauchen, sie attraktiv und modern oder sogar sexy zu machen, ihr den Weg in die scheinbare Sekte zu ersparen. Oder wenn die moralische Karte gespielt wird und es heißt, die Kirche müsse ihre moralische Glaubwürdigkeit wiedergewinnen oder wieder neu zum moralischen Vorbild werden. Dahinter steht immer die fast verzweifelte Angst vor der gesellschaftlichen Bedeutungslosigkeit, vor der quantitativen Verzwergung, jedenfalls in diesem Westen. Das Wort Sekte ist dabei, nebenbei bemerkt, höchst unklar und daher eigentlich höchst ungeeignet für präzises Nachdenken; schon Jesus selbst nennt ja seine Jüngerschar im Evangelium eine „kleine Herde" (Lk 12,32); von Volkskirche oder gesellschaftlich relevantem Player lesen wir jedenfalls im Evangelium nichts. Dagegen lesen wir viel von persönlichen Bekehrungen und Hinwendungen zu diesem Jesus von Nazareth, der den Menschen die einzig genügende Liebe seines Vaters – des Vaters aller Menschen – offenbaren möchte und nicht müde wird zu proklamieren: „Die Zeit ist erfüllt, das Reich Gottes ist nahe. Kehrt um und glaubt an das Evangelium!" (Mk 1,15) Und noch Paulus baut auf Bekehrung auf und will die von ihm unermüdlich missionierten Menschen zur persönlichen Ergriffenheit von Jesus Christus und Bekehrung zu ihm führen. Sein sprichwörtlich gewordenes Damaskus-Erlebnis verdankt sich nicht der erfolgreichen Einschulung in einer katholischen Privatschule oder sonstiger äußerer Ereignisse, sondern einzig und allein (und ausreichend für sein ganzes aufreibendes Leben) der innerlichen und höchst rätselhaften Begegnung mit dem auferstandenen Christus kurz vor Damaskus, die zu seiner sprichwörtlich gewordenen Wandlung „vom Saulus zum Paulus" führt. So lesen wir in der Apostelgeschichte:

„Saulus wütete noch immer mit Drohung und Mord gegen die Jünger des Herrn. [...] Unterwegs aber, als er sich bereits Damaskus näherte, geschah es, dass ihn plötzlich ein Licht vom Himmel umstrahlte. Er stürzte zu Boden und hörte, wie eine Stimme zu ihm sagte: Saul, Saul, warum verfolgst du mich? Er antwortete: Wer bist du, Herr? Dieser sagte: Ich bin Jesus, den du verfolgst. Steh auf und geh in die Stadt; dort wird dir gesagt werden, was du tun sollst! Die Männer aber, die mit ihm unterwegs waren, standen sprachlos da; sie hörten zwar die Stimme, sahen aber niemanden." (Apg 9,1–7)

Wenig später verkündet derselbe Paulus, der sich aufgemacht hatte, um dort die Christen in Ketten zu legen, in den Synagogen von Damaskus über Jesus: „Dieser ist der Sohn Gottes." (Apg 9,20) Moralisch in der Kirche sind idealerweise die Menschen; die Kirche selbst war nie und wird nie eine moralische Anstalt höherer Geltungsordnung sein. Ein nur flüchtiger Blick in die Kirchengeschichte beweist das zur Genüge …

Ein scheuer Seitenblick und ein klammheimlicher Vergleich mit der protestantischen Variante des Christentums zeigt übrigens sehr deutlich die Sackgasse bloß äußerlicher Reformierungen: Dort, in den altgewohnten protestantischen Kirchen des Westens, sind alle für die katholische Kirche oft geforderten Reformen umgesetzt – der Erfolg freilich im Blick auf Bedeutsamkeit, Attraktivität und öffentliche Relevanz liegt bei Null! Dies gilt allerdings und bezeichnenderweise nicht für die evangelikalen kirchlichen Gruppen und die Freikirchen, die nun gänzlich und samt und sonders auf den Vorgang innerer Bekehrung und Ergriffenheit von diesem Jesus von Nazareth setzen und kraftvoll davon sprechen, freilich in vollkommener Ablösung von jeglicher apostolischer oder altkirchlicher Tradition und Theologie.

Um es deutlich auf den Punkt zu bringen: Nichts und niemand auf der Welt, und schon gar keine rein äußerlichen Strukturreformen werden die Kirche im materiell ungeheuer gesättigten Westen vor dem Absturz in eine bisher und seit 150 Jahren erst recht ungewohnte Marginalisierung und in eine weitgehend öffentlich-politische Bedeutungslosigkeit bewahren. Anders gesagt: In einer solchen weitgehend und radikal säkularisierten und damit flächendeckend religiös desinteressierten Gesellschaft – es sei denn, man fasst den Begriff von Religion sehr weit und zählt jedes Massenevent der Musik und des Sports zu pseudoreligiösen Ereignissen – ist die Kirche nur noch ein Anbieter unter vielen auf dem zunehmend uninteressant werdenden Feld der Metaphysik oder der Sinnsuche oder auch der transzendenten Sinnerfahrung oder eben der Religion, sofern diese nur mehr meint als nur eine kurzfristige Verbesserung des diesseitigen Lebens. Der christliche Glaube in einer technisch fast vollkommen beherrschbaren Welt ist nur eine Möglichkeit unter vielen, das eigene Leben zu verstehen. Und in der Tat: Der Glaube an einen unsichtbaren Gott einer moralisch nach 2000 Jahren reichlich abgeschmirgelten und moralisch stark diskreditierten Religion des Christentums ist in einer Welt höchst angenehmer und erfüllender Sichtbarkeiten nur noch eine Option unter vielen, auf einer Stufe wie Golfspielen oder das begeisterte Hören von Zwölf-Ton-Musik, und dazu noch eine recht schwache Option, eben weil moralisch angefochten oder gar offenkundig moralisch verkommen.

Kurz gesagt: Die Erfindung des Blitzableiters, des Fernrohrs und der Pockenimpfung – von der bahnbrechenden Entdeckung des Penicillins ganz zu schweigen – verdrängt einen Gott der kurzfristigen Nutzenmaximierung und Lebensoptimierung und dessen Kirche als nutzbringendes Instrument eines immer mehr verbesserten Lebens. Gott wird im Jahrmarkt der Möglichkeiten unanschaulich und der institutionell gefasste Glaube an ihn verliert für eine Gesellschaft, die sich durch ihr ausgeprägtes Kontrollverhältnis zur Welt auszeichnet – und eben diese Kontrolle technisch immer weiter perfektioniert – zunehmend seine nutzenorientierte Bedeutung. Religion kann dann mit dem deutschen Soziologen Hartmut Rosa noch als eine Art Speicher der demokratischen Gesellschaft für ein gelungenes Verhältnis zur Welt im Sinne seines inzwischen höchst populären Resonanzbegriffs gewürdigt werden:

> „Demokratie ist das zentrale Glaubensbekenntnis unserer Gesellschaft, aber sie erfordert eben Stimmen, Ohren und hörende Herzen. […] Meine heute zu vertretende These lautet, dass es insbesondere die Kirchen sind, die über Narrationen, über ein kognitives Reservoir verfügen, über Riten und Praktiken, über Räume, in denen ein hörendes Herz eingeübt und vielleicht auch erfahren werden kann. […] Sie [die Religion, Vf.] verfügt über die Elemente, die uns daran erinnern können, dass eine andere Weltbeziehung als die steigerungsorientierte, auf Verfügbarmachung zielende möglich ist." (Demokratie braucht Religion, München 2022, 54.67)

Doch auch wenn die Demokratie in diesem Sinne angewiesen ist auf Religion und Kirchen als Räume, die Resonanz ermöglichen, gilt trotz alledem zugleich: Der Resonanzboden für das, was Gott einst – vom alttestamentlichen Propheten Amos im 8. Jahrhundert vor Christus bis hin zu Paulus vor Damaskus im 1. Jahrhundert nach Christus – meinte und aussagen sollte, ist für die allermeisten Menschen im Westen inzwischen weitgehend verschwunden. Oder anders: Wir sehen zwar noch, wie jemand auf der Geige spielt oder Flöte bläst, aber wir hören nichts mehr, oder jedenfalls fast nichts mehr. Auch übrigens deswegen, weil Geigenspieler und Flötenbläser sich als – milde gesprochen – moralisch ausgesprochen windige Figuren herausgestellt haben ...

Gott ist in unserer postmodernen Zeit so wenig bekannt und anschaulich wie Rotkäppchen oder die sieben Zwerge, und die Kirche wird nur noch als nützlich wahrgenommen, wenn sie zur Verbesserung des diesseitigen Lebens entscheidend beiträgt, wie etwa in großartigen caritativen Einrichtungen oder bei der freudigen Bejahung vollumfänglicher Gendergerechtigkeit oder auch bei jedweder milden Absegnung individueller Lebensentwürfe. Schon der deutsche Soziologe Max Weber (1864–1920) aber machte vor dem Ersten Weltkrieg darauf aufmerksam, nur wenige Menschen seien „religiös musikalisch", so etwa wie nur wenige Menschen Gedichte von Gottfried Benn oder Musik von Arnold Schönberg lieben. Er selbst charakterisiert sich in einem Brief an Ferdinand Tönnies folgendermaßen: „Denn ich bin zwar religiös absolut ‚unmusikalisch' und habe weder Bedürfnis noch Fähigkeit irgendwelche seelischen ‚Bauwerke' religiösen Charakters in mir zur errichten [...]. Aber ich bin [,] nach genauer Prüfung, weder antireligiös noch irreligiös." (Max Weber Gesamtausgabe, Abt. II: Briefe, Bd. 6, Tübingen 1994, 63–66) Dass viele Menschen ähnlich empfinden wie der deutsche Soziologe, wurde in der katholischen Welt und Kirche über viele Jahrhunderte hinweg überspielt und übersehen; die Volkskirche feierte nach dem katastrophalen Tiefpunkt der Französischen Revolution fröhliche und beschwingte Urständ. In Wirklichkeit war die Volkskirche als Bekenntniskirche einer persönlichen Bekehrung und Überzeugung immer eine Illusion. Schon früh genährt worden war das süße Gift dieser Illusion durch das verführerische Wort des frühchristlichen Theologen Tertullian (150–220) von der „anima naturaliter christiana", also von einer naturhaft christlichen Seele eines jeden Menschen. (Apologeticum 17, 6) Das war sicher gut gemeint, ist aber inzwischen weitgehend durch die Wirklichkeit widerlegt: Der Mensch kommt anscheinend gut aus ohne Gott.

Wäre das anders, dann wären schon dem Rabbi Jesus aus Nazareth, den die Christen als Christus, also als Messias und Heiland und Erlöser verehren, die Massen nachgelaufen. Hingegen war die Zahl der im weitesten Sinn religiös Interessierten und erst recht der für die Jüngerschaftsschule Jesu Begeisterten bis unter das Kreuz bei großzügiger Zählung auf vier bis fünf geschrumpft … Der Mensch schlechthin und an sich ist weder religiös noch areligiös; er kann ohne Zweifel angesprochen werden auf einen höheren Lebenssinn als nur das sozialverträgliche, genießende lange Überleben und kann es attraktiv finden, aber in Zeiten des von äußerem Wohlstand gesättigten und gegen jede Sinnfrage „abgepufferten Selbst" (Charles Taylor, Ein säkulares Zeitalter, Berlin 2009, 78) gelingt das nur äußerst mühsam und unter erheblichen Anstrengungen. Denn dieses neuzeitliche Selbst oder Ich ist sich „der Möglichkeit der Distanzierung, des Desengagements bewusst" (ebd., 79), das auch vor seinem eigenen Schöpfer nicht Halt machen muss. Ganz anders verhielten sich die Dinge selbstverständlich noch in der „verzauberten Welt" (ebd.) unserer Ahnen, die es kaum erlaubte, die Existenz Gottes und anderer übersinnlicher Wesenheiten zu leugnen, ohne das persönliche und das Wohl der Gemeinschaft als Ganzes aufs Spiel zu setzen:

„Doch wer in der verzauberten, porösen Welt unserer Vorfahren lebte, der führte ein wesentlich soziales Leben. Es war nicht nur so, dass die spirituellen Kräfte, die auf mich einwirkten, häufig von Personen meiner Umgebung ausgingen, beispielsweise der Bannfluch meines Feindes oder der Schutz, den mir eine Kerze spendete, die in der Kirche meiner Gemeinde geweiht worden war. Sehr viel grundlegender war das Faktum, dass diese Kräfte oft auf uns als Gesellschaft einwirkten und von uns als Gesellschaft abgewehrt wurden. […] Ein großer Teil der ‚guten' Magie hing mit der Kirche zusammen und war wesentlich mit dem Gefühl verknüpft, Gott sei der maßgebliche Garant dafür, dass das Gute den Sieg davontragen wird. Daher läuten wir die Glocken der Kirche, wenn Blitzschlag droht." (ebd.)

Und damit ist die alles entscheidende Frage der Weitergabe des Glaubens und der persönlichen Begeisterung noch gar nicht berührt: Ob nämlich die Ergriffenheit von Christus auch an diejenigen bruchlos und umstandslos weitergegeben werden kann, die diesen Christus bestenfalls vom Hörensagen und durch moralisch diskreditierte Zeugen kennen? Ich zweifle … Grund zur Resignation oder gar zum Defätismus? Zum Rückzug aus der scheinbar bösen Welt in die ebenfalls nur scheinbar gottesfreundlichen Sakristeien? Keineswegs! Nur freilich Grund zum Realismus und zur Nüchternheit. Und zur entschlossenen Absage an jede Form von verkapptem oder verschleiertem Moralismus. Mit Moral kommt man erst weiter, wenn vorher von Mystik, also von Ergriffenheit und Frömmigkeit, moderner: von Spiritualität und Überzeugung die Rede war. Schon 1966 schrieb der ideologisch unverdächtige und knochentrockene katholische

Theologe und Jesuit Karl Rahner (1904–1984): „Der Fromme der Zukunft wird ein ‚Mystiker' sein, einer, der etwas erfahren hat, oder er wird nicht mehr sein." (Frömmigkeit früher und heute, in: ders., Schriften zur Theologie, Bd. 7, Einsiedeln 1966, 11–31, hier 22). Abgesehen davon, dass Karl Rahner hier ganz trocken von „etwas" und noch längst nicht von Gott spricht, also zunächst nur von einer Erfahrung jenseits sättigender Nudelsuppe – was hieße das für das Christentum und die Kirche? Ganz unverhohlen und fast kindlich gebraucht Karl Rahner hier den inzwischen fast völlig verstaubten Begriff der Frömmigkeit um auszudrücken: Es geht im Angesicht eines zu führenden und nicht eines bloß erlittenen Lebens nicht einfach um anonymes Christentum, sondern ganz handfest um mystische Frömmigkeit, um eine intime und persönliche Beziehung zu Christus. Ein Mystiker ist jemand, der irgendeine Erfahrung mit Gott gemacht hat. Und der von dieser Erfahrung oder auch nur von diesem Gedanken ausgehend anders lebt, als jemand, der sich über Gott niemals nähere Gedanken gemacht hat. Mystik meint dann die Fortsetzung der Moral mit anderen Mitteln. Oder besser: die Brücke zwischen der Welt der Technik und der Welt der Moral. Mystik heißt, sich fragen: Welche Grundwerte wollen wir festhalten und welchen Werten wollen wir in unserem Leben Ausdruck verleihen?

Diese Frage ist beharrlich zu stellen und das ist eine der wichtigsten Aufgaben der Kirche. Und das genau ist das Gebot der Stunde einer mystischen, nicht einer zuerst moralischen Kirche im inzwischen restlos säkularen Westen. Kein Grund zu Traurigkeit oder zu Wut, sondern Grund zur Freude, in durchaus winterlicher Zeit und in dieser sichtbaren Kirche Gott suchen und finden zu dürfen. Denn das ist die Kirche wirklich: Weg nach Emmaus, steiniger und beschwerlicher Weg, um Christus kennen zu lernen. Hingegen ist die Kirche nicht das verloren gegangene Paradies oder das himmlische Jerusalem, und schon gar nicht mit frömmelnden Chorälen verzierte Verdoppelung des Wohlfahrtsstaates oder eine Art moralinsaures Drops aus der vom Roten Kreuz fachberatenen ADAC-Zentrale für gefahrloses Leben. Dies alles ist die Kirche ganz sicher nicht. Was aber dann? Und was sind diese moralischen Grundwerte, an denen wir mit Hilfe der Kirche festhalten wollen?

2. WAS DAS PARADIES BEDEUTET: URVERTRAUEN ZUM LEBEN

Ganz am Anfang der Heiligen Schrift wird in zwei Schöpfungsberichten vom allerersten Anfang von Welt und Mensch erzählt. Es sind mythische Erzählungen, einem Märchen ähnlicher als einem journalistischen Tatsachenbericht, Sagen zur Verdeutlichung des eigentlich Unsagbaren: Was ist der Mensch, wenn wir ihn nicht einfach als raffiniertes Tier begreifen wollen?

Programmatisch heißt es im ersten der beiden Berichte (Gen 1,1–2,4), nachdem Gott die Welt ins Leben gerufen hat:

„Dann sprach Gott: Lasst uns Menschen machen als unser Bild, uns ähnlich! Sie sollen walten über die Fische des Meeres, über die Vögel des Himmels, über das Vieh, über die ganze Erde und über alle Kriechtiere, die auf der Erde kriechen. Gott erschuf den Menschen als sein Bild, als Bild Gottes erschuf er ihn. Männlich und weiblich erschuf er sie. Gott segnete sie und Gott sprach zu ihnen: Seid fruchtbar und mehrt euch, füllt die Erde und unterwerft sie und waltet über die Fische des Meeres, über die Vögel des Himmels und über alle Tiere, die auf der Erde kriechen! Dann sprach Gott: Siehe, ich gebe euch alles Gewächs, das Samen bildet auf der ganzen Erde, und alle Bäume, die Früchte tragen mit Samen darin. Euch sollen sie zur Nahrung dienen. Allen Tieren der Erde, allen Vögeln des Himmels und allem, was auf der Erde kriecht, das Lebensatem in sich hat, gebe ich alles grüne Gewächs zur Nahrung. Und so geschah es." (Gen 1,26–30)

Der Plural des „Lasst uns Menschen machen" weist vielleicht noch auf einen uralten Text aus der Zeit der Verehrung vieler Götter hin; später erklären manche Kirchenväter diesen Plural mit dem Hinweis auf die göttliche Dreifaltigkeit. Wie dem auch sei: Entscheidend ist die Aussage des Abbildes Gottes, in Anlehnung an altägyptische Vorstellungen, der Pharao und seine im Land waltenden höheren Beamten seien lebendige Statuen der Götter, oder auch, zur Zeit jedenfalls des Echnaton, des einen und einzigen Sonnengottes. Diese noch durch und durch monarchisch geprägte, altorientalische Vorstellung vom König als Abbild und Stellvertreter Gottes weicht einer für das 1. Jahrtausend vor Christus revolutionären Auffassung: Der Mensch – jeder Mensch als Mann und Frau – ist Statue Gottes, dessen Stellvertreter und Abbild, zwar in den Grenzen von Zeit und Raum, im biologischen Leben vergänglich, also deutlich unterschieden von Gott, seinem Schöpfer, und dennoch dessen Sachwalter auf Erden. Der Glaube an ein ewiges Leben in Gemeinschaft mit diesem Schöpfer und Urbild kommt erst viel später. Entscheidend ist zunächst der göttliche Ursprung des Menschen.

Im zweiten Schöpfungsbericht (Gen 2,4–3,24) wird etwas anderes in den Mittelpunkt gerückt: die Erschaffung des Menschen nicht irgendwo, sondern in ein Paradies, in einen Garten, in eine bewohnbare und lebenserhaltende Oase inmitten unwirtlicher Wüste, in steppenartigen Gegenden des Orients keine unwichtige Beobachtung. So wie die Wüste nur durch Wasserstellen und Oasen überlebt werden kann, so kann der Un-Sinn des Lebens nur überlebt werden durch Oasen der Liebe: Das ist der letzte Sinn der Erzählung vom Paradies. „Dann pflanzte Gott, der Herr, in Eden, im Osten, einen Garten und setzte dorthin den Menschen, den er geformt hatte. Gott, der Herr, ließ aus dem Erdboden allerlei Bäume wachsen, begehrenswert anzusehen und köstlich zu essen, in der Mitte des Gartens aber den Baum des Lebens und den Baum der Erkenntnis von Gut und Böse." (Gen 2,8f) Ob es ein oder zwei Bäume sind, ist nicht ganz ersichtlich. Vielleicht ist es nur ein Baum in der Mitte des Gartens, also in der Mitte des Lebens und des Lebensraumes des Menschen, der, im

Unterschied zu Gott, das Gute und das Böse kennt und, indem er den Baum anfasst und davon isst, nun endgültig Gutes und Böses vergleichen und gleichermaßen anstreben kann. Wiederum ganz im Gegenteil zu Gott, dem Urbild, der vom Wesen her nur gut und für den das Böse niemals attraktiv ist.

Was aber ist das Böse, von dem die Bibel im Buch Genesis am Anfang der Geschichte des Menschen berichtet? Das Böse schlechthin ist das Gegenteil vom Guten schlechthin. Das Gute aber nach jüdischer Auffassung – und auch übrigens nach Auffassung der griechischen, platonischen Philosophie – ist zunächst das Sein, das Dasein, das Ja zum Leben, das Wissen um die Notwendigkeit des Lebens, das Wissen um Gott als Urheber des notwendigen Lebens, meines und aller anderen Menschen. Ja zum Dasein und zum Leben: Das ist der Sinn der Schöpfung und das ist der Kern der Liebe Gottes. Dem hl. Augustinus (354–430) wird der Satz zugesprochen: Gottes Liebe zum Menschen heißt *volo ut sis*, also: Ich will, dass Du bist! Und wenn dies das Gute schlechthin ist, dies zu wissen und nicht daran zweifeln zu müssen, dann ist das Gegenteil davon das Böse: zweifeln zu müssen und zu können, dass ich und jeder andere Mensch notwendig ist, dass ich aufgrund des Willens Gottes sein muss, dass ich und jeder Mensch das Beste sind, was Gott jemals eingefallen ist. Gut und Böse unterscheiden zu können im Blick auf die Frage, ob Wasser oder Maschinenöl als Getränk zum Frühstück nützt, ist von entscheidender Bedeutung. Gut und Böse hingegen unterscheiden zu wollen im Blick auf die Frage, ob es notwendig ist, dass ich lebe oder ob unter bestimmten Umständen auch auf mich verzichtet werden könnte, ist sinnlos und führt zu einer immer sinnloseren Existenz. Denn niemand kann leben und im Leben sich entfalten, wenn er nicht davon ausgehen dürfte, dass es das Beste ist, im Leben zu sein. Obwohl man mit keiner Silbe danach befragt wurde, ob man gezeugt und geboren werden wollte ... Und dennoch oder gerade deshalb geht der Mensch zu seinen Gunsten und zu seinem Besten davon aus, dass an der Notwendigkeit der eigenen Existenz überhaupt kein Zweifel bestehen kann.

Wir nennen diese unbezweifelbare Notwendigkeit und Sinnhaftigkeit der Existenz eines jeden Menschen heutzutage die unantastbare Menschenwürde, von der auch unser Grundgesetz in Artikel 1 lapidar – „Die Würde des Menschen ist unantastbar" – spricht, und wir meinen damit: Der Mensch darf vom Mitmenschen alles gefragt werden, nur eines nicht: Warum bist Du eigentlich da? Oder noch besser: Er darf auf eine solche Frage immer antworten: Weil nicht ich selbst es einfach will; weil nicht die Mehrheit der mich betrachtenden Mitmenschen es will. Sondern, als Aufschwung gleichsam in eine nicht weiter befragbare Wirklichkeit: Weil Gott es will. Gott dient hier schlicht und einfach zunächst als philosophischer Notausgang aus der Sackgasse der innerweltlich nicht schlüssig zu begründenden unbedingten Notwendigkeit des Menschen. Denn bedingte Wesen – und der Mensch lebt ja nur unter der Bedingung des Noch-Nicht-Sterbens, also unter der Bedingung des zeitlichen Überlebens – können ihre eigene Existenz nicht in unbedingter Weise rechtfertigen und kommen an eine schier unüberwindbare Grenze der Begründung von unantastbarer Würde. Dann aber kommt der Gedanke an eine möglicherweise reale unbedingte Wirklichkeit. Gott. Könnte es sein, dass es jemanden gibt, jenseits unserer erfahrbaren Welt (und darüber hinaus), der diese Welt will, in all ihrer Vergänglichkeit, und der diesen scheinbar vergänglichen Menschen als sein Abbild, und damit unvergänglich will, da er selbst unvergänglich ist? Dieser Wille nennt sich in christlicher und theologischer Sprache „Seele" und meint sehr präzis: der Wille Gottes zum ewigen Leben eines jeden Menschen, einer jeden menschlichen Person. Nicht aufgrund der biologischen Natur, die ist beim Menschen so vergänglich und sterblich und hinfällig wie bei der Eintagsfliege oder dem Kaninchen. Sondern aufgrund einer über-biologischen Über-Natur, die wir theologisch „Gnade" nennen: aufgrund des Willens Gottes zur ewigen Existenz jedes Menschen, dessen individuelle Seele von Gott im Augenblick der biologisch fassbaren Verschmelzung von Eizelle und Samenzelle geschaffen wurde, um auf ewig nicht mehr zu sterben. Um auf ewig zu existieren entweder in beglückender Gemeinschaft mit Gott oder in verunglückter Trennung von Gott. Sprich: entweder in ewigem Himmel oder in ewiger Hölle. Wobei die katholische Theologie zwar ausdrücklich erklärt, dass bestimmte Menschen – die Seligen und Heiligen – mit Sicherheit in der ewigen Seligkeit Gottes sind, nicht jedoch umgekehrt erklärt, bestimmte Menschen seien infolge eigener Wahl und eigener abgrundtief böser Entscheidungen und Handlungen definitiv in der Hölle (verstanden als ewige Abwesenheit Gottes). Und dies ist durchaus nicht einfach nur ein tröstlicher Gedanke, sondern sorgt auch für nachdenkliches Stirnrunzeln: Kann es sein, dass brutale Gewaltverbrecher wie Adolf Hitler oder Josef Stalin (und ihre unzähligen Mitläufer) etwa am Ende auch in demselben Himmel sind, wie Edith Stein oder Maximilian Kolbe oder all diejenigen, die auf Gewaltverbrecher unter Einsatz ihres Lebens mit Güte und Liebe reagierten? Gerecht wäre das nach weltlicher Vorstellung nicht, aber vielleicht ist eben die Gerechtigkeit Gottes ganz anders als die unsrige menschliche Gerechtigkeit? Weil für die barmherzige und vergebende Aufnahme in die Ewigkeit der Liebe Gottes vielleicht ein allerletzter Moment der Reue im Augenblick des Todes ausreicht? Abgesehen natürlich von all den ungelösten Fragen der biographischen und lebensgeschichtlichen Prägung eines Menschen, also von den auch in unserer Justiz und Rechtsprechung erörterten Fragen nach der Schuldfähigkeit und Schuldzuschreibung eines Menschen und seiner Verbrechen. Das heißt: Gibt es möglicherweise eine solche unselige Vorprägung eines Menschen in seiner Kindheit und Jugend, dass er fast nicht anders kann, als mit Untat auf erlittene Untaten zu reagieren? In unseren Zeiten der offengelegten und offenkundigen Missbrauchsfälle ist das keine unwichtige Frage! Und wäre, wenn es so wäre, dann nicht ein Neuanfang des Lebens durch vollkommene Vergebung hilfreicher, als eine lediglich rückwärtsgewandte Bestrafung, die ja natürlich keine Untat ungeschehen und keinen ermordeten Menschen jemals wieder lebendig machen kann. Ist also strafende Justiz das letzte Wort des Menschen angesichts des Bösen, oder könnte es einen zaghaften Gedanken darüber hinaus, über Vergeltung und Abschreckung hinaus geben: Was hieße denn im Angesicht der monströsen, von Menschen begangenen Verbrechen Vergebung und Verzeihung? Noch schärfer: Selbst wenn jeder Gewaltverbrecher dieser Welt im Angesicht Gottes seine unzähligen Untaten bereuen würde – wäre diese Reue ausreichend, um die bösen Taten ungeschehen zu machen oder wenigstens dem Vergessen anheim zu geben? Mit anderen Worten: Gibt es überhaupt eine Form von ewiger Gerechtigkeit als Ausgleich für erlittenes Böses durch Menschen? Und wenn ja, weil überaus wünschenswert: Könnte es sein, dass ein Mensch, der von Menschen in seinem Leben Entsetzliches erlitten hat, im Angesicht des liebenden Gottes jede Frage nach Wiedergutmachung und Vergeltung vergisst? Dürfte man aber darüber in allgemeiner und allzu leichtfüßiger Weise spekulieren, und müsste man das nicht als Frage stehen lassen? Mir hilft bei diesen Gedanken viel der tröstliche Satz Jesu an seine Jünger aus den Abschiedsreden: „An jenem Tag werdet ihr mich nichts mehr fragen!" (Joh 16,23)

Vielleicht ist es tatsächlich und in der Moderne so: Der Gedanke an Gott ruft mehr Fragen hervor, als dass er Antworten hervorbringt; er verstört mehr, als dass er beruhigt; er beunruhigt das Denken und führt vor letzte und letztlich unlösbare Fragen. Aber vielleicht ist gerade das der Sinn des Denkens an Gott und des Glaubens an Gottes Wirklichkeit: vor Fragen zu gelangen, die es ohne Gott nicht gäbe, und die zutiefst verstören, die aber zugleich unbedingt notwendig sind, wenn der Mensch wirklich Mensch sein will. Denn Mensch sein heißt doch letztlich: Im Angesicht der abgründigen Verzweiflung und des verstörenden Unsinns standhalten. Standhalten und weiterfragen. Weiterfragen und weiterdenken. Weiterdenken auf einen bisher vielleicht übersehenen Horizont hin: Gott. Was ist, jenseits meiner Welt der Wünsche und Vorstellungen, eigentlich seine Welt und seine Vorstellung? Immerhin glauben wir als Christen, dass Gott sich und seine Vorstellungen offenlegt und offenbart, vor allem zunächst in der Heiligen Schrift, so rätselhaft und dunkel sie auch zum Teil sein mag. Das wäre dann freilich nicht mehr einfach nur ein philosophischer Notausgang, sondern buchstäblich der theologische Ausgang aus einer grundsätzlich unbewältigten Not des Menschen: der Not, nach dem Sinn seines Lebens fragen zu müssen, ohne je darauf eine befriedigende Antwort zu erhalten. Bestenfalls immer weiterführende Fragen … Aber als Menschen sind wir geradezu verdammt in alle Ewigkeit zu diesen Fragen und zu diesem Denken über die Möglichkeit Gottes. Und es wäre meines Erachtens fatal und grob fahrlässig, würde der Mensch auf diese Frage nach Gott und seiner Logik verzichten.

Auf den fragenden Blick mit dem Zweifel an Gottes Existenz darf dieser befragte Mensch jedenfalls immer antworten: Ich denke ihn, also ist er. Dieser gedachte Gott genügt vollkommen zur vollkommenen Rechtfertigung der Existenz des Menschen. Das ist das grundsätzlich unzerstörbare Paradies der menschlichen Existenz – aber es wird sehr schnell verlassen durch den Griff zum Baum in der Mitte, durch den Griff zum Vergleich von Gut und Böse, durch den Zweifel an Gottes genügender Liebe, durch die Selbstrechtfertigung und die Absicherung und das Misstrauen gegenüber den Mitmenschen. Das Böse entsteht nur durch den Zweifel am Guten, besser: durch den Zweifel am Besten dieses meines Lebens und dieses meines Gottes. Dieser nagende Zweifel zerfrisst fast unmerklich aber todsicher das Urvertrauen, das jeder Mensch von der Verschmelzung von Eizelle und Samenzelle an bis in die letzten Sekunden des irdischen Lebens so nötig hat. Und daher nennt die Kirche diesen grundlegenden Zweifel am notwendig von Gott gewollten und geliebten Leben Ursünde und Erbsünde: Es liegt im Erbe des Menschen, an allem zweifeln zu können, selbst und verheerender noch an der Gutheit und Liebenswürdigkeit der eigenen Existenz. Der französische Philosoph und Schriftsteller Albert Camus beginnt sein Büchlein „Der Mythos von Sisyphos" bekanntlich mit den folgenschweren Sätzen: „Es gibt nur ein wirkliches Problem der Philosophie: Das Problem des Selbstmordes. Sich entscheiden, ob das Leben es wert ist, gelebt zu werden oder nicht, heißt auf die Grundfrage der Philosophie antworten. Alles andere – ob die Welt drei Dimensionen und der Geist neun oder zwölf Kategorien hat – kommt später. Das sind Spielereien; erst muss man antworten." (Reinbeck 2000, 15) In der

Tat, so ist es. Und es gibt nur ein wirkliches Problem der Theologie: das Problem der Unbedingtheit menschlichen Lebens! Und wenn daher das Buch von Albert Camus endet mit dem berühmten Satz „Wir müssen uns Sisyphos als glücklichen Menschen vorstellen!" (ebd., 145), so setzt die Theologie und die Kirche gegen dieses Bild vom Menschen als dem tragischen Helden, der an der Absurdität des Lebens zu scheitern droht, eine Verheißung: Wir müssen und wir sollen uns Sisyphos nicht als glücklichen Menschen vorstellen – denn von Gott her gesehen, ist und wird er glücklich sein, anders als es in einer Welt ohne Gott den Anschein hat.

Möchten wir anders sein, als wir in Wirklichkeit sind? Oder anders gefragt und womöglich noch schärfer: Sind Sie zufrieden mit dem, was Sie sind? Zufrieden so, wie Sie sind? Allgemeiner und für uns alle gefragt: Sind wir bei uns zu Haus? Wohnen wir bei uns und fühlen uns wohl und heimisch in unserer Haut? Oder noch einmal anders und mit einer der berühmten Fragen von Max Frisch aus seinem Tagebuch: Möchten Sie mit sich befreundet sein? Könnten Sie sich vorstellen, dass andere Menschen sich danach sehnen, mit Ihnen zusammen sein zu wollen, mit Ihnen leben zu sollen, möglicherweise ein ganzes Leben lang? Nicht nur in guten, sondern auch in bösen Stunden, von Tagen und Monaten und Jahren ganz zu schweigen?

Denn erst, wenn wir uns ganz unverblümt und kindlich vorstellen könnten, dass andere gern, sehr gern mit uns zusammen seien, nur dann wären wir ja wirklich gern bei uns daheim. Wären wir nicht außer uns vor anstrengender Aufregung oder unrastiger Unruhe, sondern ganz bei uns. Friedlich, aber nicht kraftlos, sondern freudig und von Glück bewegt, bewegt von der inneren Gewissheit: Ich darf sein. Da sein. Nicht einfach: Ich muss da sein, obwohl mich niemand einst gefragt hatte, ob ich gezeugt und geboren werden wolle, obschon das doch eigentlich notwendig gewesen wäre, dass man uns in einer so ausgesprochen wichtigen Angelegenheit befragt hätte, wo es doch um das eigene Leben ging! Jetzt ist es freilich zu spät zu hadern mit der verpassten Gelegenheit, über ein erfolgversprechendes Leben nachzugrübeln. Jetzt, nach Zeugung und Geburt, gibt es nur noch zwei grundsätzliche Möglichkeiten: Entweder leben zu müssen. Oder eben: leben zu dürfen. Zwei grundsätzlich verschiedene Weisen des Lebens: Entweder aus der Hand des Schicksals – und der Eltern und Großeltern – leben zu müssen. Oder, nach christlichem Glauben, aus der Hand Gottes, der zu mir und zu jedem Menschen bei der Zeugung spricht: Ich möchte gern, dass Du lebst, und zwar auf ewig! „Eingießung der unsterblichen Seele" nennt das wie erwähnt etwas fachchinesisch die christliche Theologie und meint genau das: Du darfst sein, weil Gott es will. Und das reicht. Das reicht?

Der große ungarische Schriftsteller Sándor Márai (1900–1989) beschreibt in seinem faszinierenden Buch „Die Glut" – das eigentlich im ungarischen Original 1942 unter dem Titel „A gyertyák csonkig égnek" – „Die Kerzen brennen bis zum Stumpf" erschien – das Schicksal zweier Freunde, die einst in ihrer Jugend ein und dieselbe Frau liebten. Jetzt, altgeworden und nach dem Tod der geliebten Frau, treffen sie sich für eine ganze Nacht bei Kerzenschein, um über ihrer beider scheinbar verpfuschtes Leben zu sprechen. Und der eine Freund sagt zum andern:

„Das ist der größte Schicksalsschlag, der einen Menschen treffen kann. Die Sehnsucht, anders zu sein, als man ist: eine schmerzlichere Sehnsucht könnte im Herzen nicht brennen. Denn das Leben lässt sich nur ertragen, wenn man sich mit dem abfindet, was man für sich selbst und für die Welt bedeutet. Man muss sich damit abfinden, dass man ist, wie man ist, und wissen, dass man für dieses weise Verhalten vom Leben kein Lob bekommt, dass einem keine Orden an die Brust gesteckt werden, wenn man weiß oder erträgt, dass man eitel ist oder egoistisch oder glatzköpfig oder schmerbäuchig – nein, das muss man wissen, dass man kein Lob, keine Belohnung erhält. Man muss es ertragen, das ist das ganze Geheimnis. Man muss seinen Charakter, sein Naturell ertragen, da weder Erfahrung noch Einsicht an den Mängeln, am Eigennutz und an der Habgier etwas ändern. Wir müssen ertragen, dass unsere Sehnsüchte in der Welt kein vollkommenes Echo haben. Wir müssen ertragen, dass die, die wir lieben, uns nicht lieben, oder nicht so, wie wir es hofften." (München 1999, 136)

Das ist das Geheimnis: Sich annehmen dürfen aus Gottes Hand, so wie man ist, und zugleich und im selben Augenblick Ausschau zu halten nach dem Besseren, das Gott voraussieht, und das man eben auch ist, nur noch nicht jetzt. Sich ausstrecken dürfen zu den besseren Möglichkeiten des eigenen Lebens: Das ist Glaube an Gottes Wille zu mir. Und dann sind vielleicht am Ende eines Lebens die Kerzen hinuntergebrannt, aber der Morgen bricht an. Der Morgen der Ewigkeit, der alle scheinbar verpassten Sehnsüchte des Lebens erfüllt. Beides ist wichtig: das eigene Leben ertragen und zugleich niemals zu denken: Das war's! Sondern zu ahnen: Das wird! Besser als je gedacht!

3. WAS DER STAAT SEIN SOLL: ORDNUNG IM CHAOS

„Der Mensch erkannte Eva, seine Frau; sie wurde schwanger und gebar Kain. Da sagte sie: Ich habe einen Mann vom Herrn erworben. Sie gebar ein zweites Mal, nämlich Abel, seinen Bruder. Abel wurde Schafhirt und Kain Ackerbauer. Nach einiger Zeit brachte Kain dem Herrn eine Gabe von den Früchten des Erdbodens dar; auch Abel brachte eine dar von den Erstlingen seiner Herde und von ihrem Fett. Der Herr schaute auf Abel und seine Gabe, aber auf Kain und seine Gabe schaute er nicht. Da überlief es Kain ganz heiß und sein Blick senkte sich. Der Herr sprach zu Kain: Warum überläuft es dich heiß und warum senkt sich dein Blick? Ist es nicht so: Wenn du gut handelst, darfst du aufblicken; wenn du nicht gut handelst, lauert an der Tür die Sünde. Sie hat Verlangen nach dir, doch du sollst über sie herrschen. Da redete Kain mit Abel, seinem Bruder. Als sie auf dem Feld waren, erhob sich Kain gegen Abel, seinen Bruder, und tötete ihn. Da sprach der Herr zu Kain: Wo ist Abel, dein Bruder? Er entgegnete: Ich weiß es nicht. Bin ich der Hüter meines Bruders? Der Herr sprach: Was hast du getan? Das Blut deines Bruders erhebt seine Stimme und schreit zu mir vom Erdboden. So bist du jetzt verflucht, verbannt vom Erdboden, der seinen Mund aufgesperrt hat, um aus deiner Hand das Blut deines Bruders aufzunehmen. Wenn du den Erdboden bearbeitest, wird er dir keinen Ertrag mehr bringen. Rastlos und ruhelos wirst du auf der Erde sein. Kain antwortete dem Herrn: Zu groß ist meine Schuld, als dass ich sie tragen könnte. Siehe, du hast mich heute vom Erdboden vertrieben und ich muss mich vor deinem Angesicht verbergen; rastlos und ruhelos werde ich auf der Erde sein und jeder, der mich findet, wird mich töten. Der Herr aber sprach zu ihm: Darum soll jeder, der Kain tötet, siebenfacher Rache verfallen. Darauf machte der Herr dem Kain ein Zeichen, damit ihn keiner erschlage, der ihn finde. So zog Kain fort, weg vom Herrn und ließ sich im Land Nod nieder, östlich von Eden." (Gen 4,1–16)

Die biblische Geschichte von Kain und Abel schließt direkt an die mythische Erzählung der zwei Schöpfungsberichte an. Sie schildert aus gläubiger, jüdisch-christlicher Sicht das Schicksal des Menschen, der das Paradies des besten Lebens verlassen, das ursprüngliche Vertrauen ins Leben verloren hat, und nun mit dem zweitbesten Leben außerhalb des Paradieses Vorlieb nehmen muss. Ganz zu Beginn der Bibel wird das Paradies als Ort der Freundschaft Gottes mit den Menschen beschrieben. Diese Menschen tragen den prototypischen Namen Adam und Eva. Gemeint ist der Mensch schlechthin, nicht bestimmte historische Gestalten. Gemeint ist der Mensch, der sich nicht damit begnügt, lange am Leben zu bleiben, sondern der darüber hinaus nach der Wirklichkeit Gottes fragt. Gemeint ist der Mensch, der sich vorstellen kann, dass Gott und seine Freundschaft das Beste sind, was es gibt, und dass diese Freundschaft mit Gott zur Freundschaft unter den Menschen führt. Aber, und das ist das Schicksal und das Verhängnis des Menschen, dieser Gott kann niemals sicher erkannt und gewusst werden, so wenig wie Freundschaft und Liebe jemals sicher erkannt und gewusst werden. Es bleibt die Möglichkeit des Zweifels und der Verzweiflung, es bleibt die Möglichkeit zum Zweifel an einem paradiesischen Ursprung und Ziel des menschlichen Lebens. Dieser Zweifel und diese Verzweiflung tragen in der theologischen Sprache des Christentums den Namen „Erbsünde". Diese Ursünde des möglichen Zweifels an Gott und seiner Liebe wird zum fatalen Erbe eines jeden Menschen, unter dessen Verschattung von nun an jeder Mensch sein Leben führen und gestalten muss.

Für diese schier übermenschliche Aufgabe stehen als erste Menschen außerhalb des Paradieses in der biblischen Überlieferung wiederum zwei exemplarische Namen: Kain und Abel. Sie stehen für zwei Menschen, mehr noch: für zwei Brüder, die eigentlich einander lieben sollten, die aber von Feindschaft und Hass gekennzeichnet sind. Gott versucht durch eindrucksvolle Worte an den zum Mord entschlossenen Kain, das Schlimmste zu verhindern, aber er stößt bei ihm auf taube Ohren. Kain erschlägt den Abel, der Bruder wird zum Mörder des Bruders, der Mensch wird dem Menschen zum Wolf. Augustinus schließt daraus messerscharf: Weder göttliche Ermahnung noch menschliche Bitte nutzen im Angesicht von Aggression und Gewalt, die als äußere Taten ihren Ausgang nehmen von inneren Lastern wie Neid und Eifersucht und Geltungssucht. Alles, was nachfolgend geschieht im menschlichen Leben, ist ethische und politische Anstrengung. Es braucht daher eine Kultur des Zusammenlebens, um die Anarchie der Natur zu kanalisieren und zu zivilisieren. Es braucht von nun an den Staat, also einen Zustand der minimalen Gerechtigkeit, und seine Gesetze, um ein sanktionsbewährtes Minimum an Recht zu erzwingen. So kommt auch unser Wort Staat präzis vom augustinischen Begriff des *status iustitiae*, des Zustands der Gerechtigkeit.

Das Maximum an möglicher Liebe, weit über Recht und Gesetz hinaus, kann freilich von diesem Staat und der politischen Ordnung nur erhofft, niemals aber erzwungen werden. Das wäre Gnade, und die ist durch kein Gesetz der Welt erzwingbar, nur von Menschen zu erhoffen und von Gott zu erbitten. Dafür steht im Neuen Testament, im lukanischen Gleichnis vom verlorenen Sohn, der Vater (Lk 15,11–32). Dennoch braucht es Recht und Gesetz im Vorraum der Gnade und der Barmherzigkeit und so kann wenigstens das Recht des Abel auf Überleben auch gegen den Machtanspruch des Kain gesichert werden: Das ist nicht genügend für das Glück eines vollkommen guten und geglückten Lebens, aber es genügt zumindest für ein schieres Überleben und lässt immerhin die Erfahrung von Liebe erhoffen. Mehr kann der Staat nicht leisten, er versichert gegen die Überlebensrisiken, nicht gegen die Liebesrisiken. So lebt die Menschheit außerhalb des Paradieses und im Schatten von Kain und Abel, den beiden grundlegenden Möglichkeiten im Herzen eines jeden Menschen: Herr zu werden über das Böse, oder sich dem Bösen auszuliefern. Das Christentum entwickelt daher eine ganz bestimmte Sichtweise von Politik, von Gestaltung des politisch geordneten Zusammenlebens, die beständig nach dem Besseren des Rechtes und der Gesetze fragt, um das Beste größtmöglicher Freundschaft unter den

Menschen in den Blick zu bekommen. Dabei ist die Überzeugung leitend, dass erst eine Vorstellung von der Liebe und der Freundschaft Gottes mit dem Menschen, wie sie Jesus Christus offenbart, eine Ordnung politischer Freundschaft unter den Menschen ermöglicht.

Ursprünglich und – theologisch im Bild gesprochen – im Paradies, also wie von Gott eigentlich gedacht, ist der Zwang zum Guten die echte Freiheit. Denken wir an die Nase in unserem Gesicht – und möglicherweise an die köstliche Erzählung „Die Nase" des ukrainisch-stämmigen Schriftstellers Nikolai Gogol (1809–1852), die zuerst im Jahr 1836 in Petersburg veröffentlicht wurde: Nie käme es der Nase in den Sinn, außerhalb des Gesichtes ihr Heil und ihr Auskommen zu suchen, sich zu entfernen aus dem ihr zugewiesenen Gesicht und von ihrem angestammten Platz im Gesicht. Sie ist Nase, weil sie im Gesicht steckt und riecht. Würde sie zu aller Überraschung plötzlich und unerwartet an der Vorhangstange – oder wie Gogol schreibt, als Passagier einer Postkutsche nach Riga – gesehen, wäre sie keine Nase mehr, sondern lediglich und allenfalls ein nasenähnlicher Gegenstand, der seine Funktion des Riechens erkennbar eingebüßt hätte. Die Freiheit der Nase, aus dem Gesicht sich zu entfernen, würde die sinnvolle Existenz der Nase gründlich zerstören; sie wäre nurmehr ein Schatten ihrer selbst. Nikolai Gogol fasst die phantastische Absurdität, die darin liegt, zum Abschluss seiner Erzählung in die folgenden Worte: „Ich will gar nicht davon sprechen, daß es wirklich wunderlich ist, daß eine Nase sich gegen alle Natürlichkeit entfernt und sich an verschiedenen Orten in Gestalt eines Staatsrates zeigt – aber wie vermochte Kowalow nur nicht zu begreifen, daß er doch unmöglich mit Hilfe einer Zeitung nach einer verschwundenen Nase fahnden konnte?" (Stuttgart 1952, 36) So denkt die biblische Urgeschichte vom Menschen: Nur der Platz im göttlichen Garten der Gemeinschaft mit Gott macht den Menschen sinnvoll, wehrt der Absurdität seiner Existenz. Nur das feste Bewusstsein, von Gott, seinem Schöpfer und Verursacher, geliebt zu sein, macht den Menschen ruhig und glückselig. Augustinus formuliert die Situation des Menschen in seinen „Confessiones", seinen Bekenntnissen zu Gott, folgendermaßen: „[…] denn auf dich hin hast du uns gemacht, und unruhig ist unser Herz, bis es ruht in dir." (Confessiones I, 1) Der Mensch außerhalb des Paradieses gleicht der schattenhaften Nase an der Vorhangstange: zu viel zum Sterben, zu wenig zum Leben. Leben als bloßes Mühen um Überleben im Chaos des verlorenen Platzes, des verlorenen Gartens, des verlorenen Gottes. Davon ist die Überlieferung der ersten Kapitel im Buch Genesis zutiefst überzeugt: Der Zweifel an Gottes genügender Liebe, wie er im bemächtigenden Griff zum

Baum in der Mitte des Gartens zum Ausdruck kommt, führt zur abgründigen Verzweiflung und zu existentieller Angst.

Der dänische Philosoph Søren Kierkegaard (1813–1855) denkt in seinen Werken „Die Krankheit zum Tode" und „Der Begriff Angst" aus den Jahren 1849 und 1844 ausdrücklich und sehr eindrücklich über diesen Zusammenhang von Verzweiflung und Angst nach: Erstens über die Verzweiflung als „Krankheit zum Tode", im Anschluss an die verwirrende Erklärung Jesu über die todbringende Krankheit des Lazarus: „Diese Krankheit ist nicht zum Tode" (Joh 11,4), womit der Evangelist Johannes ja offenkundig sagen will: Das physische Sterben des Menschen nach Krankheit ist nur scheinbar ein Sterben und in Wirklichkeit ein Durchgang zum Leben, das zur Begleitung des Arztes bedarf; hingegen ist das psychische Sterben des Menschen aufgrund innerer Krankheit der Verzweiflung ein echtes Sterben, das des Heilandes bedarf. Es ist also ein allmähliches inneres Absterben des Menschen bei scheinbarer äußerer Gesundheit: Diese Verzweiflung ist „eine Krankheit im Geist, im Selbst, und kann so ein Dreifaches sein: verzweifelt nicht sich bewusst sein, ein Selbst zu haben; verzweifelt nicht man selbst sein wollen; verzweifelt man selbst sein wollen." (Die Krankheit zum Tode, Stuttgart 1997, 13) Kierkegaard unterstreicht zweitens, wie sehr die verzweifelte

Angst, niemand zu sein, und das verzweifelte Bemühen, jemand zu sein, den Menschen prägt und umtreibt. Er spricht erstens von der Angst als Voraussetzung der Erbsünde und zweitens von der Angst als „progressive Erbsünde", also als sich fortsetzende und mit der Sünde des Kain im Brudermord mörderisch sich fortsetzende Erbsünde, ja, drittens spricht er schließlich – und sehr modern, wie ich finde – von der Angst als „Folge jener Sünde, die das Ausbleiben des Sündenbewusstseins ist", also von einem ausufernden Mangel an scharfer Erkenntnis des Bösen und seiner schrecklichen Möglichkeit im eigenen Leben. Das schlimmste Böse aber fängt im Denken und im Geist an und ist das Nichts: nicht da zu sein, man selbst nicht zu sein, man selbst in den Augen aller anderen Nichts und Null und nichtig zu sein. „Träumend projiziert der Geist seine eigene Wirklichkeit, diese Wirklichkeit aber ist das Nichts ..." (Der Begriff Angst, Stuttgart 1992, 50)

Modern gesprochen, geht es immer um einen grundlegenden menschhaften Mangel an Selbstwertgefühl, ein alltägliches Geschäft der psychotherapeutischen Praxis. Nach christlicher Auffassung ist dieser Mangel an Selbstwertgefühl keine Ausnahme, sondern gehört – nach dem Sündenfall, in der faktischen Wirklichkeit, nicht nach der ursprünglichen Idee Gottes – zum menschlichen Erbe. Daher heißen dieser Mangel und dieses Lebensdefizit: Erbsünde, die gleichsam zur DNA des außerhalb des Paradieses lebenden Menschen gehört, der sich selbst in seiner Not, den richtigen und guten Platz zu finden, ein Geheimnis und eine unlösbare Frage ist. Der große französische Philosoph und Theologe Blaise Pascal (1623–1662) bringt es auf den Punkt: „Sicher befremdet uns nichts härter als diese Lehre; und doch bleiben wir ohne dieses unverständlichste aller Geheimnisse uns selber unverständlich. Der Knoten unserer Lage erhält seine Verwicklungen und Schlingen in diesem Abgrund; und so ist der Mensch ohne dieses Geheimnis noch unverständlicher, als dieses Geheimnis dem Menschen unverständlich ist." (Pensées, Ed. Brunschvicg, Fragment 434)

Außerhalb des Paradieses und außerhalb der Ordnung der Liebe Gottes herrschen Chaos und Anarchie, das Recht des Stärkeren. Psychologisch gesprochen: „Die Antriebe werden narzißtisch und egoistisch. Sie neigen zum gewaltsamen Durchsetzen. *Philautia*, Eigenliebe bis zur Selbstsucht regiert das Reich der Antriebe, solange sie nicht geistgeordnet sind." (Albert Görres, Psychologische Bemerkungen über die Erbsünde und ihre Folgen, in: Christoph Schönborn / Albert Görres / Robert Spaemann, Zur kirchlichen Erbsündenlehre, Einsiedeln 1991, 18) Anders hingegen in der Tierwelt; der Mensch ist tatsächlich, nach dem berühmten Wort von Friedrich

Nietzsche (1844–1900), das „nicht festgestellte Tier" (F. Nietzsche. Werke in drei Bänden, Bd. 2: Jenseits von Gut und Böse, München 1954, 622) in des Wortes doppelter Bedeutung: Niemand weiß eigentlich, was für ein Tier der Mensch ist, und jeder sieht sogleich, dass dem menschhaften Tier die Feststellbremse fehlt.

„Bei den Tieren ist die Welt irgendwie in Ordnung. Durch ihre Instinkte und Antriebe sind sie in eine bestimmte Umwelt eingeordnet, der ihr Verhalten zur Genom- und Arterhaltung angepaßt ist. Ändert sich die Umwelt in großen Maßstäben oder treten schädliche Mutationen auf, sterben die Betroffenen aus. Die begrenzte Lebensdauer, der Tod, ist im Programm enthalten. Die psychische Ausstattung des Tieres fördert und sichert sein Leben, nicht selten sogar in fremddienlicher Zweckmäßigkeit. Kampf ums Dasein, aber auch gegenseitige Hilfe sind Regulative des Überlebens." (Görres, Psychologische Bemerkungen, 20)

Der Mensch aber Kraft seines Geistes strebt nach mehr als diesem Überleben; er strebt nach vollkommen gutem und sinnvollem Leben. Das aber schenkt ihm nicht die Biologie und nicht die Natur, sondern allein die Anstrengung des Geistes und die stets drohende Verzweiflung.

In biblischer Sprache: Niemals wird Abel glücklich sein, weil sein Bruder unter dem Druck der staatlichen Ordnung und im Zwang des Gesetzes darauf verzichtet, ihn zu töten. Das zu erleben, ist sein gutes Recht, sein Menschenrecht. Rechte zu haben und einklagen zu können aber macht nicht glücklich, allenfalls zufrieden. Glücklich macht nicht Recht und Gesetz, sondern nur unverhoffte und unerwartete Liebe. Glücklich ist der Abel im geordneten Chaos staatlicher Ordnung nur, wenn er Menschen findet, die nicht bloß darauf verzichten, ihn zu töten, sondern die alles tun, damit er lebt, weil sie ihn lieben und ohne ihn nicht leben wollen. In dieser Sicht bildet der Staat nur ein Minimum des Guten und der Moralität. Ordnung im Chaos heißt: In Sorge um die Seele leben und die Verwundungen der Seele, die wir als Sünde bezeichnen, zu vermeiden. Denn das wäre Chaos, schlimmer noch: Anarchie! Gerade solches Chaos will und soll der Staat als ein permanenter Zustand der Gerechtigkeit und des Rechts vermeiden. Nach der theologischen Deutung des Augustinus dient der Staat zur Sicherung einer ersten Ebene von Moralität, nämlich der Gesetzesgerechtigkeit, oder auch: der Sicherstellung des Naturrechtes mit den vier Grundgeboten „Du sollst nicht töten", „Du sollst nicht lügen", „Du sollst nicht stehlen", „Du sollst nicht die Ehe brechen", positiv gesprochen: mit der grundlegenden Absicherung der vier großen Entfaltungsfelder der menschlichen Person in Leben, Wahrheit, Eigentum und Ehe und Familie. Absicherung gegen die stets lauernde Versuchung zur Sünde. Damit aber steht der Staat als eine erste Art der Zivilisation (oder des bürgerlich geordneten Lebens) zwischen Sünde und Gott, zwischen Hölle und Himmel, zwischen Anarchie und Liebe. Augustinus stellt in seinem monumentalen Hauptwerk „Vom Gottesstaat" (De civitate Dei) die Unterschiedlichkeit und die besondere Spannung von göttlicher Zivilisation – Gottesstaat – und irdischer Zivilisation – Erdenstaat – heraus, indem er das bloße Überleben im irdischen Staat dem eigentlichen Selbst-Sein im Gottesstaat gegenüberstellt: „Am sechsten Tag leben wir jetzt, am siebten Tag werden wir endlich selbst sein." (De civitate Dei XXII, 30) Und man kann sogar noch weiter zählen: Augustinus nennt jeden Christen einen Menschen des achten Tages – weil der Christ durch die sieben Sakramente, insbesondere durch die Taufe, schon jetzt lebt wie in der Ewigkeit Gottes. Daher rührt dann die frühchristliche Gewohnheit, große Baptisterien, also die Taufkirchen, in achteckiger Form zu bauen. Der endgültige achte Tag wird der Tag des endgültigen Jüngsten Gerichts sein, wenn der Staat als weltliche Vorbereitung der Ewigkeit Gottes und die Kirche als geistliche Vorbereitung der Ewigkeit Gottes sich auflösen werden zugunsten der unmittelbaren Anschauung Gottes und der damit verbundenen ewigen Freude an Gott. Staat und Kirche sind unterschiedliche Arten der Vorbereitung des ewigen Gottesstaates; die Kirche ist keineswegs einfach identisch mit dem Gottesstaat; in der sichtbaren Kirche gibt es bis zum Jüngsten Tag Sünde und Schuld und auch Verbrechen. Allein die Sakramente der Liebe Gottes Enthalten unbeeinträchtigt diese göttliche Liebe; ihre Ausspender können und werden immer Sünder sein. Bürgerin des Gottesstaates ist von Gott aus gesehen allein die einzelne – jede! – unsterbliche Seele jedes Menschen, deren Motivation zu wirklicher Liebe – *frui* nennt Augustinus das in lateinischer Sprache als Wort für: zweckfreie genießende Liebe – oder zum bloßen narzisstischen Genießen der eigenen Person – dies nennt Augustinus *uti* als benützendes Verwerten und Gebrauchen anderer Menschen – darüber entscheidet, welcher Zivilisation die Seele auf ewig angehören will. Entscheidend ist also die innere Entwicklung der menschlichen unsterblichen Seele, die in ihrer Lebenszeit zu einer unverwechselbaren und individuellen Lebensgeschichte heranreift und so buchstäblich eine Geschichte erfährt. Geschichte, auch und gerade Lebensgeschichte, wird damit bei Augustinus, im Unterschied etwa zum Buddhismus, linear und nicht zyklisch verstanden: Geschichte ist kein ewiger Kreislauf, sondern eine dynamische und auf ein Ziel hin ausgerichtete, unwiderrufliche Ausdehnung der Seele auf eine je größere Liebe hin. Alles in dieser Lebensgeschichte eines Menschen steht im Dienst an diesem Ziel: die ewige Liebe Gottes erlernen in der Zeit und in zeitlicher Begrenzung.

Staat und Politik sind nützlich und angesichts der zerstörerischen Potentiale des Menschen – als Kain verstanden und gesehen – notwendig durch ihre Ordnungsfunktionen, sie fußen jedoch letztlich auf dem grundfalschen Prinzip des Zwecks und der Nützlichkeit, das aber von Gott als Ausgangspunkt der Reifung hin zur wahren Liebe genommen wird. Während nämlich die Tauschgerechtigkeit das primitive Gesetz des Erdenstaates ist, bildet die uneigennützige Liebe das Gesetz des Gottesstaates. Dazwischen aber ist viel Raum und dehnt sich das weite Feld der staatlichen Ordnung und der staatlichen Eindämmung des Bösen, der staatlichen Bewältigung von Schuld und Sünde. Der Staat kann und soll sich verstehen als moralisches Sprungbrett, als Aufforderung an die menschliche Person zu springen: weg von bloß zweckdienlicher Überlebensstrategie und hin zu uneigennütziger Liebe. Solidarität, insbesondere im Gewand staatlichen Zwanges, wie bei der Besteuerung oder der Pflichtversicherung, dient dieser Aufforderung zum zeitlichen Sprung in die Liebe und dieser Vorbereitung des ewigen Sprungs in vollkommene Liebe, deren genaue Vorstellung der säkulare Staat freilich der privaten Vorstellung und dem privaten Glauben oder Nicht-Glauben der Menschen überlässt. Der Staat glaubt insofern nicht an Gott, er möchte nur ermöglichen, an mehr als an sich selbst und die Durchsetzung der eigenen Interessen zu glauben. Das ist mehr als man denkt und für möglich halten würde. Es ist – ausweislich der Präambel unseres Grundgesetzes: „In Verantwortung vor Gott und den Menschen …" – die nachdrückliche Erinnerung an den Menschen, sich als Person unbedingter Verantwortung zu sehen und zu begreifen. Es ist vielleicht sogar darüberhinaus die bescheidene und zaghafte Aufforderung, überhaupt Unbedingtes im Leben zu denken und in den Blick zu nehmen, vielleicht sogar: die unbedingte Person und ihre Erwartung an mich sich vorzustellen und damit umzukehren, was einst der niederländische Jurist und Politiker Hugo Grotius (1583–1645) mitten im mörderischen Dreißigjährigen Krieg, der als Religionskrieg 1618 mit dem Prager Fenstersturz ursprünglich begonnen hatte und als verwüstendes Gemetzel erschöpft mit dem Frieden von Münster und Osnabrück 1648 endete, so formulierte: „Diese hier dargelegten Bestimmungen würden auch Platz greifen, selbst wenn man annähme, was freilich ohne die grösste Sünde nicht geschehen könnte, dass es keinen Gott gebe, oder dass er sich um die menschlichen Angelegenheiten nicht bekümmere." (De jure belli ac pacis libri tres, Bd. 1, Prolegomena, § 13) Das Recht und die Gesetze müssen auch ganz unabhängig vom Glauben an Gott und sogar unabhängig von seiner Existenz gelten. „Etsi Deus non daretur" – auch wenn es Gott nicht gäbe, so würde doch gelten: Schutz des Lebens, der Wahrheit, des Eigentums und von Ehe und Familie.

Der Glaube an Gott dient nicht zur Erkenntnis dieser Grundgebote und der grundlegenden Menschenrechte, er dient aber zur Verstärkung der Verantwortung und zur Verabsolutierung dieser Gebote. Also ist es sehr sinnvoll, den vom Glauben an Gott unabhängig geltenden Grundrechten eine Präambel der Verantwortung vor Gott voranzustellen. Glaube und Verantwortung sind keineswegs identisch: Eines ist die Überzeugung, ein anderes ist die Überprüfung auf Standfestigkeit und Verzicht auf höflich verschleierte Selbstdurchsetzung um jeden Preis. Anders gesagt: Gott könnte möglicherweise den letzten Rest an Selbstbezüglichkeit – „wir sind bestochen von uns selbst" nennt das der Jesuit Alfred Delp (1907–1945) im Gefängnis Plötzensee im Januar 1945 im Angesicht der Hinrichtung (Gesammelte Schriften, Bd. IV: Aus dem Gefängnis, Frankfurt a. M. 1984, 43) – aus uns herauskitzeln. Der Mensch ist dem Mitmenschen in dieser Sicht sein Leben lang Toleranz und Achtung und Respekt schuldig. Erst dann aber beginnt das weite Feld der Sünde, das freilich der Staat nur als Schuld und Schuldigwerden angesichts von Grundrechten und Gesetzen kennt. Ein solcher, augustinisch verstandener und beanspruchter Staat hätte den inneren moralischen Anspruch, Platzhalter einer je größeren und umfassenderen Gerechtigkeit und eines je größeren Rechts zu sein, nämlich des Rechts auf Liebe. Das ist, weltlich gesehen, ein hölzernes Eisen, das es nicht gibt: Vor keinem Gericht der Welt kann man einklagen, nicht geliebt zu werden, und kein Gesetz der Welt kann Lieblosigkeit verbieten oder zu Liebe verpflichten. Und dennoch gibt es ein geheimes Recht jedes Menschen darauf, mit unbedingter Liebe geliebt zu werden. Die Schwestern von Mutter Teresa haben das verstanden und sie lösen es ein durch ihr tägliches Pflegen der Sterbenden. Das ist vielleicht die Grenze zwischen Schuld und Sünde: Schuld ist gesetzlich zu definieren, Sünde verbleibt im Angesicht Gottes auf einer nach oben offenen Skala uneingelöster Verantwortung.

Was ist eigentlich Sünde, gleichsam als religiöse Schwester der Schuld? Nicht einfach von kleinen Verfehlungen und Mängeln soll hier die Rede sein, sondern von wirklicher Sünde. Wir kennen das Wort kaum noch in verständlicher Weise. Verkehrssünder sind bekannt oder Diätsünder, aber echte Sünder? Und mit Recht sind wir misstrauisch gegenüber einem allzu leichtfüßigen Umgang mit dem Wort Sünde. Was ist also eigentlich gemeint mit Sünde? Ein Blick auf zumindest einen möglichen und von den Fachgelehrten diskutierten Ursprung des Wortes hilft zunächst weiter: Sünde könnte zusammenhängen mit dem germanischen Wort „Sund" für eine Trennung zweier Ufer durch tiefes, dazwischen liegendes Wasser. Das wird auf das Verhältnis von Gott und Mensch gewendet. Gemeint wäre dann also zunächst schlicht und einfach eine tiefgreifende Trennung des Menschen von Gott. So sprechen die Bibel und die christliche Theologie von Sünde: Es ist für den Menschen auf Dauer schädlich und misslich, sich von Gott zu trennen, oder zumindest das beharrliche und geduldige Nachdenken über ihn einzustellen. Um einmal ein einfaches Bild zu verwenden: So wie es misslich und unzweckmäßig für die Nase ist, sich vom Gesicht zu trennen – wenn sie denn überhaupt zu einem solch weitreichenden Entschluss fähig wäre – so ist es misslich für den Menschen sich von Gott zu trennen und loszulösen, gleichsam als frei im Raum flottierende Nase statt im Gesicht sich auf einer Gardinenstange niederzulassen und darin größere Freiheit und bessere Zukunft zu erblicken. Aber, so könnte man einwenden: Was soll das schon heißen: sich von Gott trennen und loslösen? Ist denn Gott nicht eigentlich ein menschlicher Gedanke, eine Idee, eine bloße Vorstellung? Ist nicht „Einbildung" die adäquate Übersetzung dessen, was wir religiös verbrämt „Glauben" nennen? Und wie und warum sollte es schädlich oder gar sündhaft sein, sich von einer Einbildung oder einer Idee loszusagen?

Wenn man aber nun überhaupt kein gutes Bild von sich selbst gewönne außer durch Einbildung, also durch Verinnerlichung des guten Bildes, das andere Menschen von uns haben? Wenn Einbildung gar nicht negativ wäre, sondern positive und lebensnotwendige Voraussetzung für unser Dasein? Bilden wir uns denn nicht ein, dass Menschen uns lieben und uns verzeihen und mit uns leben wollen? Ist nicht außerhalb des Funktionierens von Waschmaschinen und Wäschetrocknern alles am Ende eine Frage heilsamer und auf plausiblen Andeutungen basierender Einbildung? Und wären wir als Menschen überhaupt lebensfähig ohne solche fundamentalen Einbildungen? An erster Stelle der Grundüberzeugung und des Urvertrauens: Ich bin gewollt und nicht bloß geduldet, notwendig und nicht bloß zufällig auf dieser Welt?

Der katholische Schriftsteller Reinhold Schneider (1903–1958) beschreibt das wunderbar in seiner kleinen Erzählung „Der Traum des Heiligen": Dem im Tower zu London auf die Hinrichtung wartenden Thomas Morus erscheint wie im Traum König Heinrich VIII., der sich von der römischen Kirche lossagte und den widerspenstigen Thomas Morus zum Tod verurteilen ließ. Dieser beschwört ihn in einem letzten Gespräch sehr eindrucksvoll, nicht in der Sünde zu verharren und zu versteinern. Aber gemeint ist nicht so sehr die äußere Sünde eines Verrates an der Kirche, sondern vielmehr die innere Sünde eines Verrates an sich selbst und der eigenen Seele. Ja: Seele, das Wort muss unbedingt genannt sein, wenn wirklich und ernsthaft von Sünde die Rede sein soll. Reinhold Schneider lässt Thomas Morus zum König sprechen: „Wenn du nur nicht bitter wirst, wenn du dich nur nicht verschließest und dein Herz nicht erstirbt, so kann noch immer alles gewonnen werden. Verzweifle nicht, blicke die Wahrheit an und glaube, dass die Liebe sich nicht von dir gewendet hat! Sie wird dich rufen, kehre dich nicht ab!" Und etwas später nochmals eindringlich: „Erbarme dich meiner Seele, mein König! Es darf nicht Nacht sein an der Stelle, wo du stehst!" (Köln 1953, 167) Das wäre Sünde und Tod: verzweifelte Verbitterung. Niemals dürfte es so weit im Leben eines Menschen kommen, und immer müssten wir achten auf die eigene Seele und die Seelen der uns anvertrauten Menschen: Das Licht der Liebe bringen! Nicht verzweifeln am unbedingten Sinn des eigenen Lebens! Denn da, wo wir stehen, darf nicht Nacht sein.

4. WAS DIE KIRCHE SEIN KANN: RAUM DER LIEBE GOTTES

Wie hat eigentlich Jesus von Nazareth ausgesehen? Haben wir ein Bild von ihm? Freilich, kein originalgetreues Gemälde, kein Photo, aber doch die Ahnung eines Gesichtes? Immerhin wissen wir sogar von Sokrates ungefähr, wie – nun ja: ziemlich hässlich – er aussah. Wir wissen es von vielen Menschen der Weltgeschichte. Der christliche Glaube bekennt Jesus von Nazareth auf dem Konzil von Chalcedon (451) als wahren Gott und wahren Menschen:

> „In der Nachfolge der heiligen Väter also lehren wir alle übereinstimmend, unseren Herrn Jesus Christus als ein und denselben Sohn zu bekennen: derselbe ist vollkommen in der Gottheit und derselbe ist vollkommen in der Menschheit; derselbe ist wahrhaft Gott und wahrhaft Mensch aus vernunftbegabter Seele und Leib; derselbe ist der Gottheit nach dem Vater wesensgleich und der Menschheit nach uns wesensgleich, in allem uns gleich außer der Sünde [vgl. Hebr 4,15]; derselbe wurde einerseits der Gottheit nach vor den Zeiten aus dem Vater gezeugt,

andererseits der Menschheit nach in den letzten Tagen unsertwegen und um unseres Heiles willen aus Maria, der Jungfrau und Gottesgebärerin, geboren; / ein und derselbe ist Christus, der einziggeborene Sohn und Herr, der in zwei Naturen unvermischt, unveränderlich, ungetrennt und unteilbar erkannt wird, wobei nirgends wegen der Einung der Unterschied der Naturen aufgehoben ist, vielmehr die Eigentümlichkeit jeder der beiden Naturen gewahrt bleibt und sich in einer Person und einer Hypostase vereinigt; der einziggeborene Sohn, Gott, das Wort, der Herr Jesus Christus, ist nicht in zwei Personen geteilt oder getrennt, sondern ist ein und derselbe, wie es früher die Propheten über ihn und Jesus Christus selbst es uns gelehrt und das Bekenntnis der Väter es uns überliefert hat." (Kompendium der Glaubensbekenntnisse und kirchlichen Lehrentscheidungen, Freiburg i. Br. u.a. 1991, Nr. 301f.)

Trotz dieser langen philosophisch-theologischen Ausführungen zum Wesen Jesu scheint uns eines zu fehlen: ein Bild. Es ist uns keines überliefert. Oder doch? Es gibt immerhin das Grabtuch von Turin, das nach Auskunft auch skeptischer Wissenschaftler immerhin das Antlitz eines zu Tode gefolterten Mannes aus dem ersten nachchristlichen Jahrhundert in Palästina zeigt.

Und es gibt noch etwas: das sagenumwobene Schweißtuch der Veronica, mit dem Antlitz eines jungen Mannes beim Sterben. Oder beim Erwachen – genau ist es nicht zu erkennen. Nach frühen Berichten wurde es in der orientalischen Stadt Edessa aufbewahrt und kam infolge der Kreuzzüge nach Rom, wo es bis zum Sacco di Roma, der furchtbaren Brandschatzung der Stadt durch führerlose deutsche Landsknechte im Jahre 1527, im Petersdom aufbewahrt wurde. Danach verliert sich die Spur; Gerüchten zufolge hatte es ein wackerer Römer gerettet und in ein kleines Kapuzinerkloster in den Abruzzen gebracht. Und siehe da: Im vorigen Jahrhundert tauchte in der winzigen Kapuzinerkirche von Manopello, nahe der Adria, ein Muschelseidentuch auf, mit einem Antlitz, das seit Jahrhunderten in der christlichen Kunst als Gesicht Jesu verwendet worden war. Man sieht es dort auf dem Hochaltar der Kirche bis heute, geheimnisvoll strahlend. Offene Augen und offener Mund; manche Forscher wollen beweisen können: Der Mund ist so geöffnet wie bei einem Menschen, der „Abba", lieber Vater, sagt. So wie vielleicht bei Jesus von Nazareth im Augenblick des Todes und im Augenblick der Auferstehung. Wer weiß … Jedenfalls weiß bis heute niemand, wie dieses Bild, wie eine Photographie, auf das Tuch gelangt ist. Muschelseide nimmt nämlich keine Farbe an. Die Erzählung von der Veronica, die uns das wahre Antlitz Jesu im Schweißtuch gebracht hat, ist vermutlich eine fromme Legende aus dem Mittelalter, als der Franziskanerorden eine der Kreuzwegstationen betitelte: „Veronica reicht Jesus das Schweißtuch." Keine Legende hingegen ist der kleine Satz im vorletzten Kapitel des Johannesevangeliums: „Da kam auch Simon Petrus, der ihm gefolgt war, und ging in das Grab hinein. Er sah die Leinenbinden liegen und das Schweißtuch, das auf dem Haupt Jesu gelegen hatte; es lag aber nicht bei den Leinenbinden, sondern zusammengebunden daneben an einer besonderen Stelle." (Joh 20,6f.) Wo mag dieses Schweißtuch geblieben sein, das wahre Antlitz Jesu? Vielleicht wirklich in Manopello?

Selma Lagerlöf (1858–1940), die fromme schwedische Schriftstellerin, berichtet in einer ihrer ergreifenden „Christuslegenden", wie sich die alte Amme des an Lepra auf der Insel Capri dahinvegetierenden Kaisers Tiberius im Jahre 33 nach Christus auf den Weg nach Palästina macht, um zur Heilung des Kaisers den berühmten Rabbi aus Nazareth zu holen. Allein, sie kommt zu spät: Als sie in Jerusalem eintrifft, wird gerade ein Mann mit dem Kreuz zur Hinrichtung gebracht, der vor ihr zusammenbricht, und dem sie mit ihrem Schweißtuch das Gesicht von Blut und Schweiß und Tränen trocknet. Der Mann wird weitergezerrt, das Antlitz auf dem Tuch bleibt, und sie bringt es dem Kaiser nach Capri.

Der, von Hass und Krankheit zerfressen, schaut es und kniet schließlich vor dem Tuch mit dem geschundenen Antlitz nieder und weint bei dessen Anblick. Und Selma Lagerlöf schreibt: „Da sah der Kaiser auf. Und siehe da, seine Gesichtszüge waren verwandelt, und er war, wie er vor der Krankheit gewesen war. Es war, als hätte diese ihre Wurzel und Nahrung in dem Hass und der Menschenverachtung gehabt, die in seinem Herzen gewohnt hatten; und sie hatte in demselben Augenblick entfliehen müssen, in dem er Liebe und Mitleid gefühlt hatte." (München 1936, 164).

Ist es wichtig zu wissen, wie Jesus von Nazareth aussah? Mir scheint: Wichtig ist zu wissen, wie der andere Mensch aussieht, der, der nicht ich bin, und dessen Wunden und Leid ich sehe und Mitleid empfinde und Zuwendung schenke. Denn nur Liebe vermag den Hass und die Verachtung und den Missmut in uns zu heilen. Und es ist wichtig zu wissen, was Jesus gewollt hat und was er weiterhin, als lebendiger Gott, will. Darauf eine Antwort zu geben, scheint mir eigentlich recht einfach. Ich würde es so versuchen: Jesus wollte uns Menschen die unbedingte Liebe des Vaters enthüllen und offenbaren. Durch Worte, vor allem in den synoptischen Evangelien in Form von Gleichnissen, und durch Werke, nämlich durch Taten und Wunder der Liebe. Durch diese Offenbarung und Offenlegung der Liebe dessen, der die ersten Menschen und seitdem jeden Menschen mit einer unsterblichen Seele begabt hat und jedem Menschen damit die Möglichkeit gibt, Gott zu suchen und zu ersehen, vollendet Gott sein Werk der Erlösung. Diese Heilsgeschichte Gottes mit den Menschen begann ja bereits unmittelbar nach dem Brudermord des Kain an Abel – als Folge der Ursünde und der Vertreibung aus dem Paradies – mit den Worten: „Darum soll jeder, der Kain tötet, siebenfacher Rache verfallen. Darauf machte der Herr dem Kain ein Zeichen, damit ihn keiner erschlage, der ihn finde." (Gen 4,15) Diese Ankündigung Gottes bezieht sich historisch vermutlich auf das kleine Volk der Qeniter, die ebenso wie die Israeliten Jahwe verehrten (1 Chr 2,55), ohne jedoch zu den zwölf Stämmen zu gehören. Qain und die Qeniter ähneln einander überraschend: „Beide haben keinen festen Wohnsitz, beide stehen mit Jahwe in enger Verbindung, beide sind gewalttätig ... und im Bilde des Qain wird der historische Stamm der Qeniter beschrieben, dessen uralte Geschichte mit den Anfängen Israels verbunden war." Und weiter: „Wir wissen zwar nicht mehr, was das Kainsmal war, ob eine bestimmte Haartracht oder eine Tätowierung; doch sagt der Text ganz deutlich, daß es ein Schutzzeichen war und kein Schandfleck; auch, daß die Qeniter es auf göttliche Stiftung zurückführten – ebenso wie die Israeliten die Beschneidung." (Diego

Arenhövel, Ur-Geschichte Genesis 1–11, Stuttgart 1981, 70) Möglicherweise wollte der biblische Schriftsteller der Geschichte von Kain und Abel auch andeuten, dass der Mensch grundsätzlich, egal welchen Volkes, auch trotz seiner Untaten unter dem Schutz Gottes verbleibt, dass Blut nicht mit noch mehr Blut gerächt wird, dass Gesetze nötig sind zur Eindämmung von Gewalt und Gegengewalt, dass Gerechtigkeit von „Auge um Auge und Zahn um Zahn" die Gewalt zumindest kanalisieren kann, dass der Mensch mit Hilfe seiner Vernunft zu Versuchen des friedlichen Zusammenlebens finden kann. Aber: „Die Geschichte des Menschen aber bleibt, bis Gottes Reich endgültig angebrochen ist, die Geschichte von Qain und Abel. Der Mensch ist immer zugleich Qain und Abel. Er leidet Gewalt und fügt Gewalt zu." (ebd., 74)

Gott begleitet jedenfalls den Weg des Menschen, der die Gewalt eindämmen will durch Gewaltmonopole und Gesetze. Er spricht zu ihm im Gewissen, er lässt ihn nachdenken und vorausschauen, er schickt Propheten, er inspiriert zum Gesetz des Mose. So kann der Hebräerbrief feierlich erklären: „Vielfältig und auf vielerlei Weise hat Gott einst zu den Vätern gesprochen durch die Propheten; am Ende dieser Tage hat er zu uns gesprochen durch den Sohn, den er zum Erben von allem eingesetzt, durch den er auch die Welt erschaffen hat." (Hebr 1,1–2) „Durch den er auch die Welt erschaffen hat" meint natürlich: Schon die Schöpfung mit der Erschaffung des Menschen, ja jede Erschaffung des Menschen war und ist Offenbarung Gottes; jedes gute Wort und Werk und jeder gute Gedanke des Menschen offenbaren das Gute und den guten Gott. Und die Schöpfung setzt sich seit Kain und Abel als fortschreitende Erlösung fort, bis hin zur Liebe des Sohnes am Kreuz, dessen Blut „lauter redet als das Blut Abels", und das uns zur Antwort auffordert, weswegen es warnend und mit erinnerndem Seitenblick auf jenen Kain, der einst nicht auf die Warnung Gottes vor dem Dämon an der Tür des Herzens hörte, heißt: „Gebt Acht, dass ihr den nicht ablehnt, der redet!" (Hebr 12,25) Diese Erlösung schreitet auch und vor allem deswegen voran, weil das Gesetz – des Mose und aller anderen gutheißenden Gesetzgeber – sich als unfähig erwies, über das Recht hinaus auch die lebensnotwendige Liebe zu verbürgen. Daher heißt es programmatisch zu Beginn des Johannesevangeliums, im Prolog: „Denn das Gesetz wurde durch Mose gegeben, die Gnade und die Wahrheit kamen durch Jesus Christus." (Joh 1,17) Das heißt doch: Der Mensch, selbst der größte Gottesfreund, wie es Mose war, kann niemals göttliche Gnade und Wahrheit bringen und verbürgen. Der Mensch kann keine vollkommene Liebe über ein Höchstmaß an Gerechtigkeit hinaus leisten oder herstellen. Der Mensch scheitert immer an etwas Unverzeihlichem, an einer letzten Unmöglichkeit zur Überwindung des Bösen. Allein Gott kann Gnade der vollkommen vergebenden Liebe bringen und zugleich die Tat solcher Liebe einem Menschen als Wahrheit des eigenen Lebens ans Herz legen. Immer wenn ein Mensch erkennt, dass sein Lebensweg ein Weg der restlosen und bedingungslosen Vergebung von Leid und erlittener Untat sein muss, wird Gott erkannt. So genau hat Jesus als der Christus, also als der vom Volk Israel erhoffte und erwartete Messias gelebt, gedacht, gesprochen, gehandelt. Er lebt aus der Liebe des Vaters, genauer: aus dem fortwährenden Gespräch mit dem Vater, das wechselseitig nur aus einem einzigen kurzen Satz besteht: „Ich liebe Dich!" Dieses fortwährende Gespräch der Liebe aber zwischen Vater und Sohn ist der Heilige Geist, von dem Jesus sagt, dass er das Werk der Erlösung durch die Offenbarung der Liebe des Vaters fortsetzen wird bis zur Vollendung der Welt: „Der Beistand aber, der Heilige Geist, den der Vater in meinem Namen senden wird, der wird euch alles lehren und euch an alles erinnern, was ich euch gesagt habe." (Joh 14,26) Die Zeit des Geistes ist die Zeit der Kirche, und es ist die Zeit der Erinnerung an das, was Jesus in der kurzen Zeit seines irdischen Lebens gesagt hat.

Was hat er denn gesagt? Das, was er vermutlich – und im Muschelseidentuch von Manopello anschaulich – im ersten Moment der Auferstehung sagte: „Abba", lieber Vater. Diesen Satz zu erlernen, dazu dient die Zeit der Kirche und der Raum der Kirche. Und das Alphabet dieser Lernzeit besteht aus nicht mehr als sieben Zeichen, wie das Johannesevangelium die großen Wunder Jesu nennt: die Hochzeit von Kana (Joh 2,1–11), die Heilung des Sohnes des königlichen Beamten (Joh 4,43–54), die Heilung eines Gelähmten am Teich Betesda (Joh 5,1–18), die Speisung der Fünftausend (Joh 6,1–15), die Heilung eines Blindgeborenen (Joh 9,1–41), die Auferweckung des Lazarus (Joh 11,1–44), schließlich die Auferstehung Jesu selbst (Joh 20,1–18). Interessanterweise schiebt der Evangelist Johannes zwischen erstem und zweitem Wunderzeichen zwei sehr wichtige Gespräche Jesu mit zwei einzelnen Personen ein: das nächtliche Gespräch mit Nikodemus und das Gespräch mit der Samariterin am Jakobsbrunnen. Diese beiden Gespräche entfalten eindrucksvoll den Charakter und das Ziel der sieben Wunder: Es sind Zeichen der inneren Verwandlung und Heilung des durch Lieblosigkeit tödlich verwundeten Menschen, nicht aber in erster Linie äußere Wiederherstellung eines funktionierenden Lebenszustandes. Sehr deutlich wird dies im Wort Jesu an den geheilten Gelähmten von Betesda: „Sieh, du bist gesund geworden; sündige nicht mehr, damit dir nicht noch Schlimmeres zustößt!" (Joh 5,14) Äußere Krankheit ist schlimm; innere Krankheit der Sünde ist schlimmer. Jesus ist als Heiland nicht gekommen, um die Krankheiten des Leibes zu heilen, sondern die Verwundungen der Seele. Ähnlich ist auch die Auferweckung des Lazarus zu deuten. Nicht um einige weitere Jahre des gemeinsamen Lebens von Lazarus, Maria und Marta zu ermöglichen, geschieht die Auferweckung, sondern um zu verdeutlichen: Gott in Jesus von Nazareth ist Herr auch über die Zeit und damit in der Lage zur endgültigen Sündenvergebung. Er macht die Sünde ungeschehen, indem er den Menschen aus der Zeit heraus in die Ewigkeit aufnehmen wird.

Der katholische Schriftsteller Werner Bergengruen (1892–1964) deutet dieses Wunder an Lazarus genau so in seinem wunderbaren Buch „Der Großtyrann und das Gericht" und meint, „es sollte uns durch diesen Vorgang etwas ganz anderes gelehrt werden, nämlich die Ungültigkeit der Zeit und die Vollkommenheit der Vergebung […] Der Herr also hat die Macht des Widerrufs auch gegenüber jenem, das wir für unwiderruflich halten; und für unwiderruflich gilt uns das bereits Geschehene, das Vergangene. Er aber ist ein Herr auch über die Vergangenheit. Zu keinem anderen Ende ist die Auferweckung des Lazarus geschehen, als uns dieses Geheimnis zu lehren." Und als wäre dies noch nicht deutlich genug, lässt er den einfachen Färber Sperone, der wohl Franz von Assisi nachempfunden ist, erklären: „Denn das ist ja nicht die vollkommene Vergebung, dass angenommen wird, die geschehene Sünde sollte so gelten, als sei sie nicht getan. Vielmehr ist dies die Beschaffenheit der unvollkommenen Vergebung, zu welcher wir Menschen untereinander fähig sind. Die vollkommene Vergebung aber, die nur von Gott geübt werden kann, ist eine andere, denn durch sie ist die Vergangenheit aufgehoben. Die geschehene Sünde wird ungeschehen gemacht, sie ist nicht getan worden." (Hamburg 1935, 252) Solche Vergebung aber heißt: Gott gibt uns in eigener menschgewordener Person – und jedem Menschen in der Taufe zuerst – den verloren gegangenen inneren unbedingten Halt zurück. Dieser Halt heißt in lateinischer Sprache *fides*, also Glaube, und meint im Unterschied zum inhaltlichen Glauben eines wortwörtlichen Bekenntnisses (*fides quae*) ein unbedingten Vertrauen und Anvertrauen samt folgender Treue (*fides qua*), durch den erst ein menschliches Leben überhaupt gelingen und glücken kann. Dieses auf Gott setzende Urvertrauen ist dem Urvertrauen des Kindes vergleichbar, das ebenso bedingungslos den Eltern vertrauen muss, um leben zu lernen. Deswegen hieß es im alten Taufritus ganz zu Beginn in dem kurzen Gespräch des taufenden Priesters mit dem

Paten (für den Täufling): Was begehrst Du von der Kirche Gottes? Den Glauben! Gott heilt den menschlichen Defekt der seelischen Verzweiflung durch die Gabe des gläubigen Vertrauens auf seine genügende Liebe. Und dies geschieht nach dem Glauben der Kirche schon jetzt in jedem der Sakramente: Aufhebung der Zeit und Vergegenwärtigung der Ewigkeit. Und damit Verpflichtung auf die Ewigkeit und ihr einziges Gesetz: das Gesetz der Liebe. Das zeigt Jesus in den sieben größeren Wunderzeichen, in denen die sieben verloren gegangenen Schöpfungstage und damit das Paradies wiederhergestellt und die sieben Sakramente der Kirche angedeutet werden. Es sind sieben Knotenpunkte menschlichen Lebens und sieben Ereignisse, mit denen wir fest in der Liebe des Vaters verankert werden sollen: Taufe, Beichte, Eucharistie, Firmung, Ehe, Priesterweihe, Krankensalbung in Todesgefahr. Diese sieben Sakramente bilden die Matrix der Kirche, die nichts zur Aufgabe hat als die garantierte und unbedingte Gabe der Liebe Gottes. Nicht einfach nur Zusage, nicht einfach nur Segen, nicht einfach nur Trost. Nein: objektive Setzung der liebenden Gegenwart Gottes im sündigen und fehlbaren Leben des Menschen. Und dies ist zugleich Geschenk und Verpflichtung; Verpflichtung nämlich auf eine bessere Antwort als es einst die Antwort des Kain war: „Bin ich der Hüter meines Bruders?"

Das führt uns zur unmittelbarsten Wirkung der Liebe, zum Ernstfall sozusagen. Ich meine die Vergebung. Was ist eigentlich besser, und was gilt mehr: Verzeihen oder Vergeben? Dumme Frage, mag vielleicht mancher denken, oder auch: typisches Theologengeschwätz! Unterscheidungen, die kein Mensch braucht, alltagsuntaugliche Haarspalterei. Aber gemach: Es könnte doch einen kleinen, aber feinen Unterschied geben. Kennen wir nicht in der deutschen Sprache das fast vergessene Verb „zeihen"? Es meinte ursprünglich: einen anderen Menschen einer Untat zeihen, deutlicher: eines Vergehens bezichtigen. Verzeihen heißt dann schlicht und einfach: Auf Bezichtigung verzichten, dem Anderen eine Untat oder Kränkung nicht mehr vorhalten. Keine Vorwürfe mehr machen. Verzeihen und vergessen? Nein, nein, eben gerade nicht: Vergeben und vergessen, das wohl, aber das Verzeihen verbleibt doch immer an der Oberfläche, im Raum des bestenfalls guten Willens, der doch allzu willfährig gegenüber dem Gedächtnis kapituliert. Ich kann tausendmal einem anderen Menschen gegenüber erklären, ich wolle ihm nichts mehr vorwerfen oder vorhalten – umsonst: Das Gedächtnis ist immer stärker, unser guter Wille zieht immer den Kürzeren. Wir erinnern sehr wohl tief empfundene Verletzung und angetanes Unrecht und können bestenfalls auf die beständigen Vorwürfe verzichten. Aus der Welt geschafft ist das Unrecht damit freilich längst nicht, und vergessen ist es auch nicht. Es war und es bleibt zwischen Menschen und Familien und Völkern.

Aber die deutsche Sprache kennt eben auch das andere Wort vom „Vergeben", das sich ganz ungewöhnlich reimt auf „Vergessen". Die Betonung liegt auf dem „Geben", und gemeint ist hier eigentlich: Der ursprüngliche Zustand vor der Untat und vor der Verletzung wird wiedergegeben; auf eine eigentlich wundersame Weise wird das zerstörte Vertrauen und die verletzte Liebe wiederhergestellt, und nicht einfach durch den unmenschlichen Willen zum Vergessen die Verletzung überspielt und zugedeckt. Das ist der eigentliche und tiefe Sinn jeder Vergebung und der große Unterschied zur bloßen Verzeihung: Es wird nicht einfach auf weitere Anklage verzichtet, nein: Das ursprünglich Gute wird wiedergegeben. Letztlich von dem, der allein gut ist und das Gute bewirkt: von Gott. Hier rührt das Wort der Vergebung endgültig an die religiöse Rede von Gott, ja an den Glauben an Gott und an eine Person des Guten, nicht einfach nur an eine Idee des Guten, die bei allem guten Willen doch nie bei Menschen Wirklichkeit gewinnt. Echte Zumutung ist hier gemeint: Die Zumutung an einen Gott zu glauben, der bei Reue und Bekenntnis das verloren geglaubte Gute, das verschleuderte Vertrauen einer Freundschaft oder die zerbröselte Liebe einer Ehe immer wieder schenken und geben will. Warum und wie? Weil dieser gute Gott nur das Gute sieht, wie eine Mutter, die zum Kind nach Aussprechen einer Bosheit endgültig sagen kann und darf: „Jetzt ist es wieder gut!" Und das Kind weiß: So ist es! Unverbrüchlich und unbezweifelbar und daher auch unverzweifelbar!

Die Kirche mit ihren sieben Sakramenten der Liebe Gottes will und soll nach göttlichem Willen Lebensraum der empfangenen Liebe Gottes sein. Mit dem Sakrament der Buße und Beichte, dem Sakrament der endgültigen Vergebung von Schuld und Sünde also, ist die Kirche zugleich auch Schutzraum dessen, der von Gott Vergebung erbittet. Schon vor Jahren fragte der Moraltheologe Klaus Demmer (1931–2014) etwas bang:

„Wie erleben viele katholische Christen die Kirche? Stoßen sie zum unsichtbaren, aber alles entscheidenden Kern vor? Ist es für sie eine Grundwahrheit, dass die Kirche am Kreuz aus der geöffneten Seite des Herrn entstanden ist und so von ihrem Ursprung her eine Gemeinschaft der Vergebung und Versöhnung ist? Die Vergebungsbitte für seine Peiniger, die der Evangelist Lukas Jesus in den Mund legt (Lk 23,34), sollte wie ein brennendes Zeichen im Gedächtnis stehen und als Vorzeichen die Feier des Sakraments durchstimmen. Es durchkreuzt alle Versuche der Selbstrechtfertigung, die sich in der Rechtsbehauptung um jeden Preis immer wieder anmelden, von der Wurzel her. Von ihrem Selbstverständnis her liefert die Kirche Maßstäbe, um mit der beschämendsten aller Erfahrungen, nämlich schuldig geworden zu sein, fertig zu werden. Man steht nicht unter dem Zwang, Schuld auf andere abzuwälzen, auf die Verhältnisse, den Zeitgeist, die Gesellschaft oder den Nächsten. Man ist angenommen und behält sein Heimatrecht, was auch geschehen sein mag. Man darf aufatmen und befreienden Zuspruch erleben. Das kann auch die kultivierteste Gesellschaft nicht bieten, sie bleibt notgedrungen in der dünnen Luft erhabener Gedanken hängen. Mag sie noch so viel an humanistischer Hilfe anbieten, das Geschenk des Trostes aus unbedingter Vergebung bleibt sie notgedrungen schuldig." (Das vergessene Sakrament. Umkehr und Buße in der Kirche, Paderborn 2005, 26)

Damit verbunden stellt sich im Sakrament der Beichte als Sakrament der Versöhnung – der Heimkehr des verlorenen Kindes in das Vaterhaus – die Frage nach dem Stellenwert Gottes im eigenen Leben, und dies in Form der Gewissenserforschung. Dies aber hat zu tun mit der Idee einer grundsätzlichen Entscheidung für Gott und seine Liebe, die sich im Leben in ganz konkreter Weise Bahn bricht. Noch einmal Klaus Demmer:

„Der Gottesgedanke ist ein Grenzgedanke, er entzündet sich notwendig dort, wo der Mensch an seine Grenzen stößt, gleich welcher Art diese sein mögen. Das ist keine insgeheime Demütigung, sondern ein Gewahrwerden von Lebensmöglichkeiten. An Grenzen zerbricht man nicht, sondern man wandelt sie um und weitet sie aus. Nicht stille Resignation, sondern gespannte Hoffnung kennzeichnet den an Gott Glaubenden. Sie bringt sich, gleichsam paradigmatisch, in der Grundentscheidung zur Darstellung. In ihrer existentiellen Tiefe setzt darum das angemessene theologische Verständnis von Schuld im Sinne von Sünde an. Schuld ist Lebensverfehlung im Angesicht Gottes; der Sünder lebt im Grunde so, als ob es Gott nicht gebe. Ein innerer Zerfall setzt ein, um sich nachfolgend über die Gesamtbreite des Lebens fortzupflanzen und in einzelnen Verfehlungen darzustellen. Mit der Lehre von der Grundentscheidung hat die Moraltheologie einen Lebensnerv getroffen. Sie legt mit ihr den Finger auf eine Wunde, die anders unentdeckt bliebe. Denn das sittliche Alltagsbewusstsein bleibt an der einzelnen Gebotsübertretung hängen. Das ist die Frucht einer Moralpädagogik, die vorwiegend in den Kategorien von Geboten und Verboten dachte. So wurde übersehen, dass Haltungen ursprünglicher sind als Handlungen. Sie entspringen einer Grundfreiheit, die über den letztentscheidenden Sinn der eigenen Existenz befindet: Tragende Lebensperspektiven werden entdeckt und wie eine Bresche in das Rohmaterial der Zeit hineingeschlagen. Wie das konkret aussieht, ist eine Aufgabe der weiteren Umsetzung. Ein Prozess der verstehenden Ausfaltung gräbt sich seine lebensgeschichtliche Bahn, er ist einer Vielfalt von Bedingungen unterworfen, geht aber nicht in ihnen auf und wird darum auch nicht von ihnen verschlungen. Der Mensch ist mehr als die Quersumme seiner Bedingungen, in diesem Überschuss liegt die Last, aber auch die Verheißung seiner Würde beschlossen." (ebd., 35)

Und nicht zuletzt ist mit dem Sakrament der Versöhnung wie überhaupt im gesamten Leben des Christen die frühzeitige Kunst der Bewältigung des Todes – des eigenen Todes und der geliebten Menschen – berührt. Man muss versöhnt sein mit irdischem Scheitern und vor allem mit dem letzten Scheitern an der Grenze der Zeit: Der Mensch endet biologisch und notwendig mit dem Tod, aber er überwindet geistig diesen Tod im

Glauben an den ewig lebendigen Gott. Klaus Demmer unterstreicht daher:

„Leiden und Sterben stürzen das Leben in heilsame Krisen. Fragen der Theodizee werden hautnah gespürt. Man fängt an, mit Gott zu rechten. Der gängigen Frage: ‚Warum gerade ich?', sollte der Beichtende die Gegenfrage stellen: Warum gerade ich nicht? Dass es kein Leben ohne Leiderfahrung gibt, weiß er nur zu gut. Und zumindest instinktiv ahnt er, dass niemand im Ausgeliefertsein seine Würde verliert. Dieser Trost kommt ihm aus der Botschaft vom Kreuz zu. Der christliche Glaube ist ein flammender Protest gegen die Versuchung, Leid und Tod als unabänderliche Niederlage anzusehen. Es gipfelt sich vielmehr eine Erfahrung auf, die einem über die gesamte Zeitspanne des Lebens nicht erspart bleibt. Man muss sich in Ergebenheit üben. Das Sakrament der Versöhnung bietet dazu Gelegenheit. Es stößt den Beichtenden auf die Einsicht, dass eine Lebensgeschichte nicht zuletzt ausgelitten wird. Wer es nicht lernt, sich mit seinem Geschick, das er als von Gott zugeschickt deutet, auszusöhnen, hat sein Leben verfehlt. Darüber vermag kein Erfolg, so blendend er sich darstellt, hinwegzutäuschen." (ebd., 133)

Der von Werner Bergengruen im schon erwähnten Buch eindrucksvoll und düster geschilderte Großtyrann bekehrt sich am Ende des Buches angesichts der einfachen Herzensgüte eines einfachen Färbers Sperone und findet zurück aus der Diktatur der Menschenverachtung. Und zum Färber sagt er auf der vorletzten Seite des Buches: „Sperone, Du hast mir vorgestern gesprochen von einem Unterschiede zwischen der unvollkommenen und der vollkommenen Vergebung. Ich weiß, wir Menschen können um unserer Schwäche willen einander nur unvollkommen vergeben. Aber wir wollen versuchen, hierin unser höchstes Maß zu erreichen und zugleich uns jener Vergebung zu versehen, welche vollkommen ist, nicht nur nach dem Willen, sondern auch nach der Wirkung." (Der Großtyrann und das Gericht, 316). Dann wäre Verzicht auf Anklage nur unvollkommenes Verzeihen und die erneute Gabe der alten Liebe und Treue vollkommenes Vergeben. Ob wir das einmal versuchen im Alltag? Verzeihen, ja sicher, aber nie aufhören, das fast Übermenschliche zu versuchen: das frühere Gute erneut zu geben. Neuen Anfang zu geben. Weil Gott stets neuen Anfang gibt.

Für diesen neuen Anfang aber braucht es von Seiten des Menschen vor allem das Mitleid der Geduld. Was aber ist eigentlich Mitleid? Einfach zu sagen? Mitleid haben – das versteht doch jeder! Aber was ist das eigentlich in uns, wenn wir Mitleid mit jemandem haben? Wir sprechen oft davon in unserer alltäglichen Sprache, sind von Mitleid gepackt oder erschüttert und helfen aus Mitleid. Sogar in den großen ethischen Debatten um Suizid und Sterbehilfe sprechen wir manchmal von Mitleid. Nicht, dass wir geradezu aus Mitleid töten wollen, aber doch, dass wir schlicht und einfach mit einem schwerkranken Menschen fühlen und sein Elend, seine Misere, empfinden und Mitleid haben. „Misericordia" sagt die lateinische Sprache: das Elend eines Menschen im Herzen empfinden.

Aber reicht das allein schon, um gut zu sein? Gut in Hinsicht auf das nachhaltig Gute und das endgültig Beste für einen Menschen? Und wer könnte das sagen oder wollte sich anmaßen, das für einen anderen Menschen zu sagen oder gar ihm vorzuschreiben? Sind wir nicht zu Recht misstrauisch gegenüber anmaßenden Vorschriften von außen, gegenüber übergriffigem Paternalismus und arroganten Allüren? Ist nicht jeder Mensch seines eigenen Glückes Schmied und niemand von außen berechtigt, ihm ins Rad des Schicksals zu greifen? Der Schritt freilich von solcher Haltung hin zu willfähriger Hilfe beim Bau selbstgemachter Gefängnisse ist klein. Ist denn wirklich jeder Mensch ganz allein verantwortlich für sein Glück und seine Ideale? Kann es gar keine besseren Aussichten von außen für einen

Menschen geben, der gefangen und befangen ist in aussichtslosen Zuständen der Verzweiflung und des Elends? Müsste es denn nicht mehr geben für den barmherzigen Samariter im Lukasevangelium (Lk 10,25–37), als sich einfach neben den im Straßengraben liegenden Menschen zu legen? Müsste nicht energisches und entschiedenes Helfen auf dem Esel möglich sein, der zum rettenden Wirtshaus trabt und dort Wiederherstellung des guten Lebens ermöglicht? Ja und Nein, denn das Gleichnis erzählt ja einbahnig und ausschnitthaft; als konkrete Anleitung zu effektiver Hilfe taugt es nur bedingt; dies schon wegen der wünschenswerten Apathie des hilfsbedürftigen Menschen … Perfekt organisierte staatliche Fürsorge gibt es auch außerhalb des Christentums. Jetzt aber, mit der Offenbarung der Liebe Gottes in Jesus Christus, wird dieses Glück der Liebe und Zuwendung dauerhaft und personal: Der Raum der Liebe ist endgültig eröffnet, immer da, wo ein Mensch sich der Liebe Gottes bewusst wird, davon ergriffen wird und sich zur Antwort gedrängt sieht. Immer da, wo im Raum der Kirche und ihrer Sakramente Menschen sicher und gültig mit der Liebe des Vaters beschenkt werden. Der Samariter ist ja immer Jesus Christus selbst. Benedikt XVI. weist im ersten Band seiner Trilogie „Jesus von Nazareth" sehr deutlich auf diese christologische Auslegung des Gleichnisses durch die Kirchenväter hin:

Der ausgeplünderte Mensch im Straßengraben ist der Mensch schlechthin, so wie ihn eindrucksvoll das Alte Testament immer wieder in unterschiedlichen Facetten schildert. Es ist der Adam außerhalb des Paradieses, der von seinem Bruder erschlagene Abel, der von König David in den Tod geschickte Urija, der von König Ahab aus Habgier der Steinigung überlassene Nabot. Der Mensch ist nicht nur sich und den Mitmenschen entfremdet, er ist buchstäblich unter die Räuber gefallen und jedes Lebensglücks beraubt.

„Die mittelalterliche Theologie hat die zwei Angaben des Gleichnisses über den Zustand des zerschlagenen Menschen als grundsätzliche anthropologische Aussagen aufgefasst. Von dem Opfer des Überfalls heißt es zum einen, dass er ausgeplündert (*spoliatus*), zum anderen, dass er halbtot geschlagen wurde (*vulneratus*). Das bezogen die Scholastiker auf die zweifache Dimension der Entfremdung des Menschen. Er ist *spoliatus in supernaturalibus* und *vulneratus in naturalibus*, sagten sie: des ihm geschenkten Glanzes der übernatürlichen Gnade beraubt und in seiner Natur verwundet. Nun, das ist Allegorie, die sicher weit über den Wortsinn hinausgeht, aber immerhin ein Versuch, die doppelte Art der Verletzung zu präzisieren, die auf der Geschichte der Menschheit lastet. Die Straße von Jerusalem nach Jericho erscheint so als das Bild der Weltgeschichte; der Halbtote an ihrem Rand als das Bild der Menschheit. Priester und Levit gehen vorbei – aus dem Eigenen der Geschichte, aus ihren Kulturen und Religionen allein kommt keine Heilung. Wenn der Überfallene das Bild des Menschen schlechthin ist, dann kann der Samariter nur das Bild Jesu Christi sein. Gott selbst, der für uns der Fremde und der Ferne ist, hat sich aufgemacht, um sich seines zerschlagenen Geschöpfes anzunehmen. Gott, der Ferne, hat sich in Jesus Christus zum Nächsten gemacht. Er gießt Öl und Wein in unsere Wunden, worin man ein Bild für die heilende Gabe der Sakramente sah, und er führt uns in die Herberge, die Kirche, in der er uns pflegen lässt und auch das Angeld schenkt, das diese Pflege kostet." (Freiburg i. Br. 2007, 240)

Schmal ist freilich der Grat zwischen Hilfe und Bevormundung, auch zwischen echtem und falschem Mitleid. Solch falsches Mitleid einer „Ungeduld des Herzens" beschreibt der österreichische Schriftsteller Stefan Zweig (1881–1942) unter gleichnamigem Titel in seinem einzigen Roman, erschienen 1939 in Stockholm, sehr eindrucksvoll. Im Sommer 1914 begegnet der in einer ungarischen Stadt in Garnison liegende junge Leutnant Hofmiller einer jungen schwer kranken Frau. Aus falschem Mitleid verlobt er sich mit ihr, leugnet aber bald öffentlich alles ab, entschließt sich verzweifelt zum Selbstmord und wird kurz vorher versetzt. Der Freitod der Verlobten beendet das blinde und tragische Schicksal. Im Vorspruch zum Roman schreibt Stefan Zweig:

„Es gibt eben zweierlei Mitleid. Das eine, das schwachmütige und sentimentale, das eigentlich nur Ungeduld des Herzens ist, sich möglichst schnell freizumachen von der peinlichen Ergriffenheit vor einem fremden Unglück, jenes Mitleid, das gar nicht Mit-Leiden ist, sondern nur instinktive Abwehr des fremden Leidens von der eigenen Seele. Und das andere, das einzig zählt – das unsentimentale, aber schöpferische Mitleid, das weiß, was es will und entschlossen ist, geduldig und mitduldend alles durchzustehen bis zum Letzten seiner Kraft und noch über das Letzte hinaus." (Ungeduld des Herzens, Frankfurt a. M. 1976, 15)

Über das Letzte hinaus: Hieße das nicht, Gottes Blick und Perspektive zu suchen und zu versuchen? Den weiteren Blick zu wagen und zu fragen: Was wäre nicht bloß die schnelle Zufriedenheit, sondern das allerbeste Glück eines Menschen? Wie wäre ihm nachhaltig geholfen? Und ist nicht Nachhaltigkeit nur der moderne Name für das, was wir einst Ewigkeit nannten? In der Mitte seines Romans bündelt Stefan Zweig noch einmal alles in einem kleinen Satz, fast könnte man ihn überlesen: „Zum erstenmal begann ich zu verstehen, daß das Schlimmste auf dieser Welt nicht durch das Böse und Brutale, sondern fast immer nur durch Schwäche verschuldet wird." (ebd., 245) Schwäche der Mitläufer der Diktatoren und Schwäche der Mitläufer im Hamsterrad des Alltags: In der Tat wird mindestens so viel Gutes unterlassen aus Schwäche, wie Böses aus Brutalität getan! So müsste man sich raffen und aufraffen und im nachhaltig Guten stark sein und das Leiden mittragen in der Gewissheit auf nachhaltige Besserung. Ganz nachhaltig in der unbezweifelbaren Aussicht auf Gottes Liebe.

5. WAS DIE EWIGKEIT SEIN WIRD: GENUSS OHNE REUE

Was ist gemeint? Unser unstillbarer Durst nach Ewigkeit wird ein für alle Mal gestillt sein. Unsere tiefste Sehnsucht wird erfüllt sein. Was ist eigentlich unsere größte Sehnsucht? Unser stärkstes Verlangen und wichtigstes Begehren? Fast empfinden wir diese Fragen als degoutant oder zumindest etwas peinlich, vielleicht sogar als übergriffig. Hinzu kommt: Die deutschen Begriffe für das Gemeinte sind etwas flirrend, jedenfalls nicht einfach positiv besetzt. Wer möchte schon süchtig sein? Jeder von uns will wohl souverän sein, selbstbestimmt, frei von einengenden oder zwanghaften Trieben. Mir scheint diese Frage nach den eigenen Sehnsüchten ganz elementar für jeden Menschen zu sein. Es ginge darum, sich still und nüchtern – ohne auf den öffentlichen Marktplätzen damit hausieren zu gehen – zu befragen: Was treibt Dich um? Was bewegt Dich, und wohin? Was steht Dir als Ziel und Antrieb vor Augen? Doch wohl jedenfalls nicht einfach die tägliche Dröhnung an Adrenalin, Dopamin, Serotonin. Gewiss sind das neurochemische Botenstoffe, aber was genau transportieren sie? Und jeder von uns will doch am Ende mehr sein als einfach eine gut geölte Überlebensmaschine … Sehnsucht, Verlangen, Begehren: Man kann das auch ausdrücken mit dem einfachen Wort „Durst" und dem entsprechenden fast verschwundenen Verb „dürsten", abgelöst durch das einfache „durstig sein". Bezeichnenderweise kennt die deutsche Sprache nicht das Gegenteil, anders als bei „hungrig sein", dessen Gegenteil das „satt sein" ist. „Undurstig sein" gibt es nicht, und fast scheint es, als solle damit angedeutet werden: Der Mensch ist ständig durstig, niemals vollständig gestillt, immer auf der Suche und immer in Verlangen ausgespannt, manchmal schier unerträglich gespannt auf eine endlich kommende Stillung des Begehrens, der Sehnsucht, des Durstes nach mehr. Muss es nicht mehr als alles geben?

Der Schriftsteller Franz Werfel (1890–1945), gläubiger Jude zeitlebens, geboren in Prag 1890 und gestorben nach der Flucht vor den Nazis im Exil 1945 in Kalifornien, beschreibt in einem seiner wichtigsten Bücher solchen lebenslangen Durst eines Menschen. Ein großer und endgültiger Durst ist gemeint, und daher nennt er sein Buch auch umstandslos „Der veruntreute Himmel", um im Untertitel sogleich ganz nüchtern und bodenständig zu werden: „Die Geschichte einer Magd". Geschildert wird in dem 1939 in Stockholm erschienenen Buch das Leben einer einfachen böhmischen Magd namens Teta Linek, deren große Frömmigkeit sie zu der wunderlichen Idee treibt, ihren Neffen Priester werden zu lassen, ihm das Theologiestudium zu finanzieren und sich dadurch den Himmel zu erwerben. Allein – der Neffe veruntreut das Geld und die Sehnsucht der Tante und wird nicht Priester und hält um des Geldes Willen die Tante so lang als möglich hin mit der Lüge des Priesterwerdens, bis der Betrug auffliegt. Aber die gute Teta Linek lässt den Himmel nicht fahren und nicht ihre Sehnsucht danach und ihr Verlangen nach mehr als einem einigermaßen behaglichen Leben. Sie erkennt aber zugleich ihr vergebliches Unterfangen, den Himmel erkaufen zu wollen. Sie macht eine Pilgerfahrt nach Rom und dort, während der Papstaudienz bei Pius XI., erleidet sie den tödlichen Infarkt und stirbt in Rom. Geläutert und angekommen und endgültig „ungedürstet". Wenn man das so sagen kann …

Im Epilog seines Buches unterhält sich Franz Werfel mit dem Kaplan, der Teta Lineks letzte Pilgerfahrt begleitet und ihr die Sterbesakramente gereicht hatte. Dieser sagt zu ihm: „In Fräulein Linek war ein ganz großer Durst nach Ewigkeit und Seligkeit." Dann heißt es weiter: „Jetzt störte mich das Wort: Durst. Es erschien mir fast pfäffisch: „Warum sagen Sie Durst?", fragte ich. „War es nicht mehr? Was beweist der Durst …?" „Der Durst beweist die sichere Existenz von Wasser" sagte der Kaplan und stand auf." (Frankfurt a. M. 1982, 281)

Aufstehen müssten wir, jeder von uns, morgens und auch tagsüber und erst recht am Ende unseres jetzigen Lebens, auferstehen und uns gewiss machen: Mein Durst beweist die Existenz von Wasser! Wonach aber dürstet mich? Welches Bleibende ersehne ich? Wonach verlangt mich maßlos? Und vielleicht erahnen wir: Auch in uns, wie einst in Teta Linek aus Böhmen, ist ein großer Durst nach Ewigkeit und Seligkeit! Und dann nur nicht sich begnügen mit dem Vorletzten, den Durst nach Wein nicht stillen mit Sauermilch. Sondern geduldig den Durst nach dem Besten aushalten und ertragen: Er beweist die sichere Existenz Gottes.

Solcher Durst nach mehr als dem bloßen zufriedenen Überleben ist nach christlicher Auffassung Durst nach Gott und nach seiner ewig genügenden und endgültigen Liebe. Ein solcher Durst nach Gott bildet den Ausgangspunkt einer Umwertung der Werte im Christentum und einer ganz neuen Moral und Ethik im Christentum. Es ist nicht mehr, wie in der griechischen Philosophie der Antike oder in der römischen Ethik der Stoa, bei Cicero etwa und Seneca, eine Ethik der Leistung, der Pflicht oder der eigenen Tugend. Jedenfalls nicht zuerst und als Beginn des ganz neuen Lebens. Es ist eine Ethik nicht zuerst der Aktivität, sondern der Passivität; nicht des Machens, sondern des Geschehen-Lassens; nicht des Tuns, sondern des

Empfangens. Der Mensch lebt ja von einem Anfang, biologisch wie geistig, den er selbst nicht gesetzt und bewirkt hat. Romano Guardini (1885–1968) erläutert dazu: „Am Anfang meiner Existenz – den Anfang nicht nur zeitlich, sondern auch wesentlich, als ihre Wurzel und ihren Grund verstanden – steht nicht ein Entschluss von mir selbst, zu sein. Noch viel weniger bin in Einfachheit da, keines Werde-Entschlusses bedürfend. Das alles ist nur in Gott so. Sondern am Anfang meiner Existenz steht eine Initiative, ein Jemand, der mich mir gegeben hat." (Annahme seiner selbst, Kevelaer 2008, 18) Der christliche Glaube spricht hier von Berufung: Gemeint ist der Ruf Gottes, der mich zuallererst ins Leben rief und setzte und der überaus große Hoffnungen in dieses mein Leben setzt. Dieser Gott aber sieht vom Ende der Vollendung her meinen Anfang und meinen Weg, und das gerade nennt sich Vorsehung Gottes: Gott sieht vor, dass der Weg, wenn er nur im Vertrauen auf Gottes stets genügende Liebe gegangen wird, am guten Ende des Anfangs der Ewigkeit endet. Der Anfang des Lebens eröffnet schon den Horizont des Zieles: „Ich-Sein heißt geradezu einen Weg haben, jenen, der aus dem Ich der Anfänglichkeit in das der Vollendung führt. Der kann weit umführen, durch Bedrängnisse und Dunkelheiten. Er kann scheinbar verwehen und verschüttet werden. Immer aber ist er da, sogar wenn er durch Untergang führt." (ebd., 27) Immer geht es ja um Liebe, die man empfängt, nicht um Recht, das man selbst konstruiert oder macht. Joseph Ratzinger (1927–2022) bringt es unübertroffen auf den Punkt:

„Vom christlichen Glauben her gilt demnach: Der Mensch kommt zutiefst nicht zu sich selbst, durch das, was er tut, sondern durch das, was er empfängt. Er muß auf das Geschenk der Liebe warten, und Liebe kann man nicht anders denn als Geschenk erhalten. Man kann sie nicht selber, ohne den anderen, ‚machen'; man muß auf sie warten, sie sich geben lassen. Und man kann nicht anders *ganz* Mensch werden, als indem man geliebt *wird*, sich lieben läßt. Daß die Liebe des Menschen höchste Möglichkeit und tiefste Notwendigkeit in einem darstellt und daß dies Nötigste zugleich das Freieste und Unerzwingbarste ist, das bedeutet eben, daß der Mensch zu seinem ‚Heil' auf ein Empfangen angewiesen ist. Lehnt er es ab, sich solchermaßen beschenken zu lassen, zerstört er sich selbst. Eine sich selbst absolut setzende Aktivität, die das Menschsein allein aus Eigenem leisten will, ist ein Widerspruch zu seinem Wesen." (Einführung in das Christentum, München 1971, 193)

Und Joseph Ratzinger zitiert im Anschluss den französischen Theologen Louis Evely (1910–1985), der mit Blick auf Adam und die Ursünde des Menschen schlechthin notiert:

„Die ganze Geschichte des Menschen wurde irregeführt, bekam einen Bruch wegen Adams falscher Gottesvorstellung. Er wollte wie Gott werden. Ich hoffe, daß ihr niemals die Sünde Adams hierin saht [...] Hatte Gott ihn nicht dazu eingeladen? Adam hatte sich nur im Vorbild getäuscht. Er glaubte, Gott sei ein unabhängiges, autonomes, sich selbst genügendes Wesen; und um wie er zu werden, hat er sich aufgelehnt und Ungehorsam gezeigt. Aber als Gott sich offenbarte, als Gott erweisen wollte, wer er war, erschien er als Liebe, Zärtlichkeit, als Ausströmen seiner selbst, unendliches Wohlgefallen in einem anderen. Zuneigung, Abhängigkeit. Gott zeigte sich gehorsam, gehorsam bis zum Tode. Im Glauben, Gott zu werden, wich Adam völlig von ihm ab. Er zog sich in die Einsamkeit zurück, und Gott war doch Gemeinschaft." (Manifest der Liebe. Das Vaterunser, Freiburg i. Br. 1961, 26)

Nicht Autonomie ist das Schlüsselwort der christlichen Ethik und Moral, sondern Annahme des Geschenks, ja in verschärfter Form sogar die Pflicht zur Annahme des Geschenks: Geschenk des Lebens, der eigenen Person und der anderen Personen, der eigenen Fähigkeiten und Grenzen, des so genannten Schicksals und der Zufälle, die als Wege Gottes mit mir gedeutet werden wollen. Der Anfang bestimmt das Leben, und das Leben beginnt im Passivum. Niemand von uns zeugt sich selbst und gebiert sich selbst; wir werden gezeugt und wir werden empfangen und wir werden geboren und wir werden gefüttert und erzogen. Und allmählich erwächst daraus eine eigene und unverwechselbare Aktivität des Lebens, die aber zum Ende des Lebens wiederum abnimmt und eingeschränkt wird, bis wir wieder umsorgt und versorgt werden. Durst und Sehnsucht nach genügender Liebe und nach dem Geschenk der Liebe bilden den Ausgangspunkt der christlichen Moral und der christlichen Werte. Es ist eine Moral der Offenbarung ungeahnter göttlicher Liebe, die freilich die menschliche natürliche Sehnsucht nach wahrer Liebe aufnimmt und darauf antwortet. Aber es ist als Offenbarung des Vaters wirklich etwas ganz Neues und nicht einfach etwas Besseres als das Bisherige, so als wenn die Petroleumlampe durch die Glühbirne ersetzt würde. Der Durst wird vorausgesetzt, aber er wird ganz anders gestillt, als der Mensch sich vorstellen oder gar selbst machen oder erfinden könnte. „Von Oben" nennt das Romano Guardini und erläutert:

„Jesus kommt nicht, um der Reihe der bisherigen Menschheitserkenntnisse eine neue hinzuzufügen; um eine Höhe zu erobern über jene hinaus, die bereits erschaut sind; um ein neues Ideal, eine neue Wertordnung aufzurichten, für die es nun an der Zeit wäre. Nein, sondern aus der Gott vorbehaltenen Fülle des Himmels trägt Jesus eine heilige Wirklichkeit vor. Aus Gottes Herzen führt er einen Lebensstrom in die dürstende Welt. Von ‚Oben' her tut er ein neues Dasein auf, das aus der Schöpfung selbst nicht möglich und nach Ordnungen gebaut ist, die von ‚Unten' her als Verwirrung und Umsturz erscheinen. Um daran teilzuhaben, muß der Mensch sich öffnen. Er muß die Verklammerung ins natürliche Dasein loslassen und dem Kommenden entgegengehen. Er muß den tief verwurzelten Anspruch überwinden, die Welt sei das Eigentliche und Einzige und genüge sich selbst; muß zugeben, daß dieses Dasein nicht gut, sondern befleckt und von Gott verworfen ist." (Der Herr, Würzburg 1951, 80)

Eine Art von Entweltlichung – Welt so verstanden, wie das Johannesevangelium sie versteht: als letztlich ungenügender Resonanzboden für die Offenbarung Gottes – ist nötig; im Neuen Testament heißt das: Bekehrung. Gemeint ist eine Abkehr von der bisher gewohnten

Lebensweise, von den menschlich allzu menschlichen Gewohnheiten – *mores* sagt der Lateiner! – hin zur Lebensweise Gottes, die unsere weltlichen Sehnsüchte aufnimmt, aber entschlossen verwandelt und umschmilzt.

In der Bergpredigt des Matthäusevangeliums (Mt 5,3–11) – oder der lukanischen Feldrede mit der Kontrastierung der positiven Seligpreisungen durch negative Wehrufe (Lk 6,20–26) – bündelt sich die gesamte neue Ethik Jesu als verheißungsvoller Ausblick auf die noch ausstehende und doch schon angebrochene Ewigkeit Gottes. Bemerkenswert ist durchaus die innere Einheit von – modern gesprochen – Individualethik und Sozialethik, oder anders: Der Weg geht von innerer Einsicht eines Individuums in das Gute zur Gestaltung der äußeren Welt und sodann zu Ausdruckshandlungen und Wirkhandlungen. Innere Ergriffenheit setzt sich um in äußere Tat. Die Seligpreisungen bieten freilich keine konkrete Handlungsethik, sie geben vielmehr zu denken und stellen Fragen. Fragen von Gott an den Menschen in seiner gewohnten, hergebrachten, konventionellen Lebensweise. Fragen an bisherige Vorstellungen von Glück und Unglück, von gelungenem und gescheitertem Leben, Fragen nach unbewusst schlummernden und vielleicht sogar uneingestandenen Sehnsüchten und Wünschen, Fragen der allmählichen Reinigung der Motivationen und Intentionen, Fragen zuletzt nach der Bereitschaft zur Bekehrung. Es sind Fragen und Verheißungen zugleich, und sie gelten, wie Joseph Ratzinger im schon erwähnten Jesus-Buch unterstreicht, dem Christen, der sich als Bote Jesu verstehen kann und soll: „Und wenn auch der Bote Jesu in dieser Welt noch in der Leidensgeschichte Jesu steht, so ist darin der Glanz der Auferstehung dennoch spürbar und schafft eine Freude, eine ‚Seligkeit‘, die größer ist als das Glück, das er vorher auf weltlichen wegen erfahren haben mochte. Jetzt weiß er erst, was wirklich ‚Glück‘, was wahre ‚Seligkeit‘ ist und verkennt dabei, wie armselig das war, was von den üblichen Maßstäben her als Befriedigung und Glück angesehen werden muss." (Jesus von Nazareth, Freiburg i. Br. 2007, 102)

Zentral in den Seligpreisungen erscheint der Satz „Selig, die ein reines Herz haben, sie werden Gott schauen!" – der allerdings beim Evangelisten Lukas fehlt – und seine Entfaltung in dem bei Matthäus und Lukas zu findenden Satz: „Selig, die arm sind vor Gott, denn ihrer ist das Himmelreich!" Mit „Herz" ist in der jüdischen Sprache und Theologie immer der ganze Mensch gemeint; der bloße Verstand (als Intellekt) greift zu kurz. Beide Sätze fragen nach den wahren Schätzen im Leben eines Menschen, nach dessen nüchterner und ehrlicher Selbsteinschätzung, nach den ganz ursprünglichen Sehnsüchten. Gefragt wird nach einer Armut vor Gott, um durch ihn reich zu werden, ein Gedanke, der zur ungeheuer mächtigen Armutsbewegung im frühen und hohen Mittelalter geführt hat, etwa in der Bewegung der Waldenser oder in der franziskanischen Armutsbewegung. Wer alles hat, der braucht nichts, und wer sich alles beschaffen kann, der kann nicht beschenkt werden. Gefragt wird zugleich nach der Lauterkeit der inneren Gesinnung; so entsteht unmerklich eine Skizze christlicher Gesinnungsethik als notwendige Voraussetzung der effizienten Verantwortungsethik. Wo fehlt denn die Reinheit der Liebe, der Treue, der Versöhnung? Wo ist der Mensch – ich selbst als Mensch – bestochen von sich selbst und dem eigenen Interesse und Wohlergehen?

„Selig die Trauernden, denn sie werden getröstet werden."

Gibt es im eigenen Herzen den Mut und die Geduld zur Trauer? „Sunt lacrimae rerum" heißt es klassisch bei Vergil im ersten Gesang der „Aeneis": Die Dinge haben ihre Tränen. Theodor Haecker (1879–1945) kommentiert dazu sehr schön: „Der Halbvers ist durch und durch lateinisch; er sagt nicht bloß – die erste, noch durchaus banale Erklärung – , daß gewisse Dinge von den Menschen beweint werden, sondern auch, daß die Dinge selber ihre Tränen haben, oder besser, daß da Dinge sind, die mit keiner anderen Antwort zufrieden sind als mit Tränen, die durch nichts wirklich erkannt werden, durch nichts anderes ausgeglichen werden können als durch Tränen und zuweilen selbst durch sie nicht: *aut possit lacrimis aequare labores*, als wögen Tränen unsere Mühsal auf." (Vergil, Vater des Abendlandes, München 1947, 109) Zum menschlichen Leben gehört das Eingeständnis einer letzten Ungetröstetheit und einer innerweltlich nie erfüllbaren Sehnsucht. Und darüber hinausschauend: Wo weitet sich denn der eigene Blick hin zur Trauer des Mitmenschen, und wo kann fremdes Leid zum Mit-Leid werden, mitgetragen und mitgefühlt werden? Und nicht zuletzt: Welchen Wert und welchen Platz haben Verzicht oder gar Opfer im eigenen Leben?

„Selig die Gewaltlosen, denn sie werden das Land erben."
Ein Satz von unbedingter Sprengkraft, nicht nur in Zeiten notwendiger Diskussionen um gerechten Verteidigungskrieg gegen ungerechte Angreifer und um einen gerechten Frieden. Christliches Ethos ist immer geprägt von der Option für die Armen, für die je Schwächeren; in Zeiten des Krieges: für die Zivilbevölkerung, geprägt auch vom Versuch, der geheimen Versuchung der Vertröstung auf bessere zukünftige Zeiten zu entgehen.

„Selig, die hungern und dürsten nach der Gerechtigkeit, denn sie werden gesättigt werden."
Von der ganz großen Gerechtigkeit und vom Recht des Menschen auf Gott ist hier die Rede, dann auch

von der kleinen und mittleren Gerechtigkeit des politischen und sozialen Lebens. Aber dass der Mensch das Recht hat, geliebt zu werden, und dass er von Gott, seinem Schöpfer, das Recht geschenkt bekam, geradezu ein Recht auf die Liebe Gottes zu haben – das sagt der christliche Glaube auch. Denn Gott will ja gebeten und geradezu bedrängt werden vom Menschen, das zeigt schön das kurze Gespräch Gottes mit König Ahas, der längst jeden Glauben und jede Sehnsucht nach Gottes Geschenken verloren hat und dies geschickt tarnt als Bescheidenheit: „Der Herr sprach weiter zu Ahas und sagte: Erbitte dir ein Zeichen vom Herrn, deinem Gott, tief zur Unterwelt oder hoch nach oben hin! Ahas antwortete: Ich werde um nichts bitten und den Herrn nicht versuchen. Da sagte er: Hört doch, Haus Davids! Genügt es euch nicht, Menschen zu ermüden, dass ihr auch noch meinen Gott ermüdet?" (Jes 7,10–13) Gott ist durch anspruchsvolles Bitten des Menschen nicht ermüdet, sondern vom Gegenteil, von der falschen Bescheidenheit, auf Gott und sein Geschenk der Liebe verzichten zu wollen. Es braucht die Anstrengung und Mühe um die alltägliche Gerechtigkeit und die Bereitstellung der Grundrechte, aber nochmals: Das kann (zur Not) auch ohne Gott gelingen, und der sozial gerechte Wohlfahrtsstaat hängt nicht ab von der Erkenntnis Gottes. Erst diese Erkenntnis Gottes und seiner Liebe lässt erkennen, irdische Gerechtigkeit der notwendige, aber keinesfalls hinreichende Vorraum der eigentlichen Herrlichkeit ist, nämlich der Liebe über alle zählbare und messbare Gerechtigkeit hinaus.

„Selig die Barmherzigen, denn sie werden Erbarmen finden."
Zu Recht wird darauf hingewiesen, dass in den antiken heidnischen Kulturen, jedenfalls nach Auffassung der stoischen Philosophen, kein Platz war für Barmherzigkeit; das hätte das System der Pflicht und der Ethik gesprengt. Barmherzigkeit ist eine Schwester der Güte; angestrebt wird das immer Bessere und das wahre Gute für den konkreten individuellen Menschen. Die jüdische Philosophin Hannah Arendt (1906–1975) drückt es so aus: „Das Phänomen der Güte in einem absoluten Sinne ... kennt man in der Geschichte des Abendlandes erst seit der Entstehung des Christentums. Seither aber sind wir uns dessen bewußt, daß das Tun guter Werke eine der wesentlichen Möglichkeiten menschlichen Handelns ist." (Vita activa oder Vom tätigen Leben, München 2002, 90) Barmherzigkeit hat freilich immer auch einen leicht subversiven Beigeschmack, was schon daraus erhellt, dass niemand auf die Idee käme, das Finanzamt um Barmherzigkeit zu bitten, allenfalls um Stundung oder Aufschub ... Barmherzigkeit ist aber zunächst die Haltung, die hinter dem Recht und der Gerechtigkeit die

Person sieht und die konkreten Möglichkeiten einer Person und freilich auch das wirklich umfassend Beste einer Person. So ist hier der Blick auf den konkreten Menschen gemeint und dessen zuhandene Kräfte: Vielleicht erwächst daraus die Bereitschaft, das zu ersetzen, was der Andere im Augenblick nicht leisten oder sehen kann, mehr zu sehen und für den bedrängten Mitmenschen einzuspringen und zu ersetzten, was momentan fehlt.

„Selig, die Frieden stiften, denn sie werden Söhne Gottes genannt werden."

Dahinter steht die Frage nach Frieden im externen Herzen, letztlich die Frage nach der Versöhntheit mit der eigenen, immer auch gebrochenen Lebensgeschichte, mit der Versöhntheit mit den eigenen Grenzen und Begrenzungen und dem eigenen Schicksal, wie wir außerhalb des Paradieses zu sagen pflegen. Immerhin heißt es am Ende der Liturgie: „Geht in Frieden", und damit ist nicht ein letzter moralischer Aufschwung gemeint, sondern der Wunsch und die Bitte, man möge den von Gott in der Liturgie empfangenen Frieden seiner unauslotbaren Liebe weiter und lange im Herzen tragen. Man muss tagtäglich spüren und empfinden, wie sehr man von Gott geliebt ist, sonst versandet alles Christentum zu einem schalen Moralismus und im schlimmsten Fall zur heillosen moralischen Überforderung.

„Selig, die Verfolgung leiden um der Gerechtigkeit willen, denn ihnen gehört das Himmelreich."

Zuletzt ist dies die Frage nach der Bereitschaft zu Opfer und Verzicht um des Guten und um des Rechtes Gottes willen. Ja, nach Gottes Recht auf den Menschen und dessen Liebe soll ausdrücklich gefragt werden! Und dieses Recht gilt zuerst im Blick auf die eigene Person und das eigene Leben: Hat Gott ein Recht auf meine Mühe, auf meine Liebe, auf meine Anbetung? Darf er etwas von mir erwarten? Hat er ein Recht darauf, nicht von mir enttäuscht zu werden? Und der Blick weitet sich dann zum Mitmenschen, der mir von Gott anvertraut wurde, selbst und sogar und erst recht der Feind, der Böses über mich spricht und der mir Böses antut. Das ist freilich sicher das Schwerste und kann nur zaghaft angedeutet werden, in der Hoffnung, die Kräfte möchten reichen, wenn der Ernstfall der Feindesliebe kommt.

Alle Seligpreisungen enden jeweils mit einem eschatologischen Ausblick, also einem Blick auf Gottes Ewigkeit, die uns erwartet als vollendetes Glück. Deren Seligkeit soll und muss freilich schon in dieser Welt und in den engen Grenzen von Zeit und Raum vorbereitet und erfahrbar werden. Das wird sehr schön und sehr unterschiedlich sichtbar an den unzähligen Heiligen, die den Raum der Kirche und den Raum der Liebe Gottes in den Grenzen dieser Welt ausgemessen und durchschritten haben, und die so ein Glück fanden, das nicht von dieser Welt ist. Benedikt XVI. schließt daher seine Auslegung der Seligpreisungen in seinem bereits erwähnten Buch „Jesus von Nazareth" so:

„Die Heiligen haben von Paulus über Franz von Assisi bis zu Mutter Teresa diese Option gelebt und uns damit das rechte Bild des Menschen und seines Glücks gezeigt. Mit einem Wort: Die wahre ‚Moral' des Christentums ist dies Liebe. Und die steht freilich der Selbstsucht entgegen – sie ist Auszug aus sich selber, aber gerade auf diese Weise kommt der Mensch zu sich selber. Dem versucherischen Glanz von Nietzsches Menschenbild entgegen erscheint dieser Weg zunächst als armselig, geradezu unzumutbar. Aber er ist der wirkliche Höhenweg des Lebens; nur auf dem Weg der Liebe, deren Pfade in der Bergpredigt beschrieben sind, erschließt sich der Reichtum des Lebens, die Größe der menschlichen Berufung." (130)

6. WAS HEUTE ZU TUN IST: DER ERSTE SCHRITT ZUM FRIEDEN – NICHT ZUM FRIEDHOF!

„Heute" ist das große Stichwort im Lukasevangelium, der geheime rote Faden des Evangelisten Lukas in der Darstellung der Geschichte des Jesus von Nazareth, der als der Messias, also als der Retter der verlorenen Menschheit geglaubt wird. Von der frohen Botschaft des Engels an die erstaunten Hirten auf dem Feld – „Heute ist euch in der Stadt Davids der Retter geboren; er ist der Christus, der Herr." (Lk 2,11) – über die frohe Botschaft Jesu über den heimgekehrten Zöllner Zachäus – „Heute ist diesem Haus Heil geschenkt worden, weil auch dieser Mann ein Sohn Abrahams ist" (Lk 19,9) – bis hin zur frohen Botschaft des am Kreuz hängenden Jesus an den reumütigen Schächer – „Amen, ich sage dir: Heute noch wirst du mit mir im Paradies sein." (Lk 23,43) – durchtränkt dieses verheißungsvolle „Heute" das Evangelium. So wird deutlich: Für den, der an Gott glaubt, ist immer „Heute", niemals verschwundene Vergangenheit oder ersehnte Zukunft. Augustinus sagt deshalb: Der getaufte Christ ist ein Mensch des achten

Tages, also ein Mensch der Ewigkeit Gottes, denn der achte Tag ist der Tag der Auferstehung des Herrn, der immerwährende ewige Tag der Ewigkeit Gottes, der von den sieben Sakramenten der Kirche in der Zeit vorbereitet wird. Der Christ hat mithin durch die Taufe und nachfolgend durch alle anderen Sakramente Anteil an diesem „Heute" Gottes. Dieser Gott ist, wie die mittelalterliche Theologie sagte, *actus purus*, zu Deutsch: reine Wirklichkeit. Oder auch: reine Gegenwart! In ihm ist keine Möglichkeit, die erst noch Wirklichkeit werden könnte oder sollte. Er ist nach eigener Aussage in der Offenbarung an Mose am brennenden Dornbusch im Alten Testament der „Ich bin, der ich bin" (Ex 3,14); ein Gott der Lebenden und des Lebens. Gott kennt keinen Anfang und kein Ende, er lebt außerhalb der Zeit und der Vergänglichkeit, er ist reines Sein. Er ist. Es gab keine Zeit, in der es Gott nicht gab, und es wird keine Zeit geben, in der er nicht sein wird. Im Gegenteil: Erst Gott schafft die Zeit, es ist nicht umgekehrt, als beherbergte die Zeit Gott.

An dieser immer gegenwärtigen Wirklichkeit Gottes hat der Mensch Anteil durch Gottes gütiges Geschenk, durch Gottes Gnade. Gott schafft die Zeit und in der Zeit den Menschen, diesen aber mit einer überzeitlichen unsterblichen Geistseele, die in der Lage ist, Gott zu denken und Gottes Offenbarung aufzunehmen und darauf in der Zeit – und in der Vergänglichkeit – zu antworten. Gott offenbart sich in zweifacher Form: als Logos, also als schöpferische Vernunft, aus der die Welt entstand, und der sich in der Vernunft des Menschen, zumal in seinem Gewissen abbildet und erkennbar wird. Und Gott offenbart sich als Liebe, in menschgewordener eigener Gestalt, im Sohn, der Kunde bringt von der Liebe des Vaters. Daher unterstreicht Joseph Ratzinger in seiner Rede zum 60. Jahrestag der Landung der Alliierten in der Normandie am 5. Juni 2004 (und zitiert im Anschluss aus Platons „Gorgias" das erschütternde Gleichnis der vor dem Richter stehenden menschlichen Seele):

„Der Glaube an die Menschwerdung Gottes in Jesus Christus und an sein Leiden und Sterben für den Menschen ist der höchste Ausdruck für diese Überzeugung, dass die Mitte aller Moral, die Mitte des Seins selbst und sein innerster Ursprung Liebe ist. Diese Aussage ist die stärkste Absage an jedwelche Ideologie der Gewalt, sie ist die wahre Apologie des Menschen und Gottes. Vergessen wir aber darüber nicht, dass der Gott der Vernunft und der Liebe auch der Richter der Welt und der Menschen ist – der Garant der Gerechtigkeit, vor dem alle Menschen Rechenschaft ablegen müssen. Die Wahrheit des

Gerichts gegenwärtig zu halten, ist gegenüber den Versuchungen der Macht ein grundlegender Auftrag: Jeder muss Rechenschaft ablegen. Es gibt Gerechtigkeit, die von der Liebe nicht aufgehoben wird." (Auf der Suche nach dem Frieden, in: ders., Werte in Zeiten des Umbruchs, Freiburg i. Br. 2005, 135)

Schon Platon im Dialog „Gorgias" lässt den Sokrates die Lehre von der unsterblichen Seele seinem Gesprächspartner Kallikles erläutern:

„Alles liegt klar zutage an der Seele, wenn sie des Körpers entledigt ist, sowohl die natürliche Beschaffenheit wie auch die Eigentümlichkeiten, die der Mensch durch seine jeweiligen Beschäftigungen der Seele eingepflanzt hat. Wenn sie nun vor den Richter kommen, da hält Rhadamantys sie an und beschaut eines jeden Seele, ohne zu wissen wessen sie ist. […] Und er sieht nichts Gesundes an der Seele, sondern allenthalben zeigt sie gleichsam Spuren der Geißelhiebe und ist voller Narben infolge der Meineide und der Ungerechtigkeit, wie sie entsprechend der jedesmaligen Handlungsweise der Seele aufgeprägt wurden; und alles ist verkrümmt an ihr infolge der Verlogenheit und Prahlerei, und nichts gerade, weil sie sich nie an die Wahrheit gewöhnt hat." (Gorgias 524d–525a)

Sehr viel später als die Verschriftlichung der erwähnten Dornbuschszene ringt sich dann das Volk Israel nach dem babylonischen Exil ungefähr ab 530 vor Christus allmählich durch zum Glauben an das Weiterleben des (gottesfürchtigen) Menschen nach dem Tod in der Ewigkeit Gottes. Je mehr das Alte Testament auf den Punkt der Menschwerdung Gottes in Jesus von Nazareth zuläuft, desto lebendiger wird diese Hoffnung auf ein Leben in der ewigen Liebe Gottes und der Glaube an ein geläutertes und vollendetes Weiterleben des Menschen, jedenfalls im Glauben der Pharisäer, nicht aber bei den Sadduzäern. Sehr schön wird das deutlich im 2. Buch der Makkabäer, das um 100 vor Christus entstand, unmittelbar also am Vorabend der Geburt Jesu. Dort heißt es aus dem Mund des vierten gefolterten und dann getöteten Bruders an den heidnischen König: „Gott hat uns die Hoffnung gegeben, dass er uns auferstehen lässt. Darauf warten wir gern, wenn wir von Menschenhand sterben. Für dich aber gibt es keine Auferstehung zum Leben." Kurz darauf, nach dem grausamen Tod seiner älteren Brüder und dem Hohn seiner Mutter über den grausamen König, spricht der Jüngste voller Gewissheit: „Unsere Brüder sind jetzt nach kurzem Leiden mit der göttlichen Zusicherung ewigen Lebens für den Bund Gottes gestorben; du jedoch wirst beim Gericht Gottes die gerechte Strafe für deinen Übermut zahlen. Ich gebe wie meine Brüder Leib und Leben hin für die Gesetze unserer Väter und rufe dabei Gott an, dass er seinem Volk bald wieder gnädig sei; du aber sollst unter Qualen und Schlägen bekennen müssen, dass er allein Gott ist." (2 Makk 7,14–37)

Die Offenbarung Jesu der Liebe des ewigen Vaters schließt dann in den Evangelien die deutliche Botschaft ein: Jeder Mensch ist geschaffen für ein ewiges Leben in der Liebe des Vaters; das – und nur das! – ist der Sinn und das Ziel des zeitlichen Lebens. Deswegen kann der Herr am Kreuz, kurze Zeit vor der eigenen Auferstehung, dem Schächer die Zusage des ewigen Paradieses machen, und ebenso kann er deswegen den Sadduzäern ein bestimmtes Detail des ewigen Lebens verraten, nämlich ein Leben ohne Ehe und Heirat:

„Von den Sadduzäern, die bestreiten, dass es eine Auferstehung gibt, kamen einige zu Jesus und fragten ihn: Meister, Mose hat uns vorgeschrieben: Wenn ein Mann, der einen Bruder hat, stirbt und eine Frau hinterlässt, ohne Kinder zu haben, dann soll sein Bruder die Frau nehmen und seinem Bruder Nachkommen verschaffen. Nun lebten einmal sieben Brüder. Der erste nahm sich eine Frau, starb aber kinderlos. Da nahm sie der zweite, danach der dritte und ebenso die anderen bis zum siebten; sie alle hinterließen keine Kinder, als sie starben. Schließlich starb auch die Frau. Wessen Frau wird sie nun bei der Auferstehung sein? Alle sieben haben sie doch zur Frau gehabt. Da sagte Jesus zu ihnen: Die Kinder dieser Welt heiraten und lassen sich heiraten. Die aber, die gewürdigt werden, an jener Welt und an der Auferstehung von den Toten teilzuhaben, heiraten nicht, noch lassen sie sich heiraten. Denn sie können auch nicht mehr sterben, weil sie den Engeln gleich und als Kinder der Auferstehung zu Kindern Gottes geworden sind. Dass aber die Toten auferstehen, hat schon Mose in der Geschichte vom Dornbusch angedeutet, in der er den Herrn den Gott Abrahams, den Gott Isaaks und den Gott Jakobs nennt. Er ist doch kein Gott von Toten, sondern von Lebenden; denn für ihn leben sie alle." (Lk 20,27–38)

Es ist mithin ein Leben ohne eine exklusive menschliche Freundschaft, allein in exklusiver Freundschaft mit Gott, der allein genügen wird, und dadurch zur ewigen Freundschaft aller Menschen und zum ewigen Frieden führt.

Die Apostel Johannes und Paulus in ihren Briefen vertiefen und erklären diesen Glauben an die Auferstehung von den Toten – eigentlich korrekter: die Auferweckung von den Toten durch Gottes Macht und aufgrund der unsterblichen Seele eines jeden Menschen – als Glaube an die unzerstörbare und unsterbliche, von Gott geschaffene Seele des Menschen, die entweder zum ewigen Leben oder zur ewigen Gottesferne – *vulgo*: Hölle – auferstehen wird. Und Augustinus setzt diesen Glauben an das ewige Leben in der Lehre der frühen Kirche und der Kirchenväter voraus und entfaltet diese Lehre in seiner Geschichtstheologie und vor allem in seinen Gedanken über den inneren Menschen: Jeder Mensch, besonders deutlich natürlich der getaufte Christ, wird von Gott angesprochen in seinem Inneren, in Seele und Gewissen, und befragt nach seiner tiefsten Sehnsucht, nach dem letzten Sinn und Ziel seines Lebens, nach der vollkommenen vorstellbaren Seligkeit. Befragt nach der Möglichkeit einer zweiten, übernatürlichen Geburt, die notwendig im Laufe eines Menschenlebens auf die erste natürliche Geburt folgend muss, wenn der Mensch sich als Person mit Geist und Gewissen versteht. Es ist wie ein nächtliches und sehr intimes Nikodemus-Gespräch, von dem der Evangelist Johannes berichtet:

„Es war da einer von den Pharisäern namens Nikodemus, ein führender Mann unter den Juden. Der suchte Jesus bei Nacht auf und sagte zu ihm: Rabbi, wir wissen, du bist ein Lehrer, von Gott gekommen; denn niemand kann die Zeichen tun, die du tust, wenn nicht Gott mit ihm ist. Jesus antwortete ihm: Amen, amen, ich sage dir: Wenn jemand nicht von oben geboren wird, kann er das Reich Gottes nicht sehen. Nikodemus entgegnete ihm: Wie kann ein Mensch, der schon alt ist, geboren werden? Kann er etwa in den Schoß seiner Mutter zurückkehren und noch einmal geboren werden? Jesus antwortete: Amen, amen, ich sage dir: Wenn jemand nicht aus dem Wasser und dem Geist geboren wird, kann er nicht in das Reich Gottes kommen. Was aus dem Fleisch geboren ist, das ist Fleisch; was aber aus dem Geist geboren ist, das ist Geist. Wundere dich nicht, dass ich dir sagte: Ihr müsst von oben geboren werden. Der Wind weht, wo er will; du hörst sein Brausen, weißt aber nicht, woher er kommt und wohin er geht. So ist es mit jedem, der aus dem Geist geboren ist." (Joh 3,1–8)

Oder, fast noch berührender und deutlicher, im Gespräch des Herrn mit der Frau am Jakobsbrunnen, ebenfalls im Johannes-Evangelium erzählt, gipfelnd in der Antwort Jesu: „Wer von diesem Wasser trinkt, wird wieder Durst bekommen; wer aber von dem Wasser trinkt, das ich ihm geben werde, wird niemals mehr Durst haben; vielmehr wird das Wasser, das ich ihm gebe, in ihm zu einer Quelle werden, deren Wasser ins ewige Leben fließt." (Lk 4,13f) Immer ist es die von außen und von oben, von Gott kommende Botschaft, die doch nur im Inneren gehört und empfunden werden kann und von dort aus nach außen, in Worte und Werke und Taten gewendet werden muss. Der innere Mensch entfaltet sich und wird sichtbar, hörbar, greifbar im äußeren Menschen.

Natürlich steht im Hintergrund die ursprünglich platonische Unterscheidung von *praxis* und *poiesis*, von Ausdruckshandlung und Wirkhandlung, von Gesinnung und Tat. Das Herstellen eines Schiffes unterscheidet sich elementar vom Küssen eines Menschen; eines ist Wirkhandlung mit einem bestimmten Effekt, eines ist Ausdruck einer bestimmten Empfindung. Liebe, Vertrauen, Treue, Vergebung, aber auch Hass, Eifersucht, Argwohn und Neid sind innere Empfindungen, Haltungen, Tugenden wie Untugenden, also Laster, die äußeren Ausdruck suchen. Das ist das Feld der Ethik: Ausdruck verschaffen für innere Tugenden. Der Mensch ist nach dieser Auffassung das beseelte Tier – präzis: der Bonobo-Schimpanse – mit dem Willen und der Fähigkeit zum äußeren Ausdruck innerer Emotion. Schon im griechischen Theater mit seinen verschiedenen Rollen und Masken wurde diese Auffassung vom Menschen als Person, durch dessen Alltagsmaske eine innere Haltung hindurchtönt, deutlich. Die Unterscheidung von Gesinnungsethik und Verantwortungsethik fußt auf dieser Auffassung des Menschen als Rollenträger mit einer doch hoffentlich gleichbleibenden Identität. Augustinus führt diesen Gedanken fort mit der Unterscheidung von nutzenorientiertem *uti* – zu Deutsch: gebrauchen, benutzen – und zweckfreiem *frui* – zu Deutsch: genießen – und der Idee, gerade hier den entscheidenden Unterschied zwischen Tier und Mensch anzusiedeln. Das Tier gebraucht alles, der Mensch kann genießen ohne die Frage nach Nutzen und Zweck. Liebe ist so zweckfrei wie das Hören einer Beethoven-Sonate oder das Lesen eines Gedichtes von Rilke. Augustinus definiert in seiner Schrift „Vier Bücher über die christliche Lehre" (De doctrina christiana) das *frui* als „einer Sache oder Person um ihrer selbst willen anhängen", hingegen das *uti* als „das zum Gebrauch Bestimmte auf das zu beziehen, was zu lieben erstrebenswert erscheint". (De doctrina christiana I, 4) Also: Nicht der Zweck heiligt die Mittel, sondern die Mittel sind zum Zweck, zur reinen und genießenden Liebe hin zu wenden.

Und Augustinus schließt daraus als Theologe: Gott ist zu genießen, so wie jede Person als sein Abbild; die Welt und ihre Sachen sind zu gebrauchen. Und so entwickelt Augustinus die erste christliche Ethik, eine ganz bestimmte moralische Form des Lebens: Der Ethik geht es um die Verwirklichung von unvergänglichen Idealen, nicht um irgendeine vergängliche Bedürfnisbefriedigung. Diese Unterscheidung greift 800 Jahre später der große Franziskanertheologe Bonaventura (1221–1224) auf: Der Mensch lebt nicht zuerst im äußerlich quantitativ nachprüfbaren Überleben – die Griechen nennen das: *bios,* im Sinne einer bestimmten Anzahl von Lebensjahren –, sondern im innerlich qualitativ erlebbaren guten Leben – die Griechen nennen das *zoé* – und dem Verspüren einer guten, ja womöglich sogar unübertroffenen Lebensqualität. Diese Lebensqualität besteht im Streben nach Begehren und Begehrt-Werden, nach Lieben und Geliebt-Werden, ein Begehren, das zeitlich und in diesem Leben, und damit vergänglich, niemals gestillt werden kann.

Bonaventura sieht diese aus einer inneren Überzeugung und aus einem tiefen inneren Glauben an die immer gegenwärtige Liebe Christi lebenden Menschen als geistliche Menschen. Sie leben in der Zeit der Kirche, also in der Zeit des Heiligen Geistes, und damit in der unmittelbaren Vorbereitung auf die (in den Sakramenten) schon gegenwärtige und (in der Zeit) noch ausstehende Ewigkeit Gottes. Sie leben Tür an Tür mit dem Vater, der ständig nach draußen späht, ob schon der verlorene Sohn heimkehrt, ob der Mensch, gesprochen im Bild des Gleichnisses vom verlorenen Sohn, heimkommt ins Vaterhaus, ob die Menschen die zeitlichen

Schweine des Zeitvertreibs entschlossen hinter sich lassen und sich auf den Weg zum liebenden Vater machen. Durch Taten der Liebe. Und diese Taten aus dem Innersten ihrer Herzen mitbringen in das Vaterhaus der Ewigkeit. Es sind geistes-gegenwärtige Menschen in der Nachfolge Christi, aber im Alltag der Alltäglichkeit von Familie und Beruf. Man kann sie auch, mit Karl Rahner und dessen eingangs erwähntem Zitat, als Mystiker bezeichnen. Sie bereiten durch und in ihrem Leben das zweite Kommen Christi am Ende der Zeit und am Beginn der Ewigkeit vor. Sie verändern zuerst das eigene Innere und wenden es dann nach außen: zum Mitmenschen und in die Welt hinein. Kurz: Sie streben im Alltag nach Heiligkeit. Bonaventura notiert in seinem großen Kommentar zum Lukasevangelium: Solche geistes-gegenwärtigen Menschen „müssen also ihr Haupt aufrichten durch feste Erwartung; sie müssen ihre Blicke aufrichten durch klare Betrachtung; sie müssen die Stimme erheben durch die Verkündigung ihres Lebens; sie müssen die Hände aufrichten in vollkommener Betätigung." (Commentarium Lucae 536 b: Jan C. Klok, Der Lukaskommentar des Bonaventura von Bagnoregio als Handbuch der franziskanischen Spiritualität, Münster 2019, 20) Es geht um nichts weniger als um die Verwirklichung des Glaubens an die Gegenwart und die allmähliche schrittweise Ankunft Christi in einem christlichen Leben durch die Kraft der Sakramente. Die Haltung des geistlichen Menschen ist gekennzeichnet durch Demut und Wachsamkeit und ausdauernde Tugend. Der gläubige Mensch und seine Lebenszeit sind gleichsam Gottes Arbeitsfeld. Bonaventura orientiert sich dabei am lukanischen Gleichnis vom Sämann:

„Ein Sämann ging hinaus, um seinen Samen auszusäen. Als er säte, fiel ein Teil auf den Weg und wurde zertreten und die Vögel des Himmels fraßen es. Ein anderer Teil fiel auf Felsen, und als die Saat aufging, verdorrte sie, weil es ihr an Feuchtigkeit fehlte. Ein anderer Teil fiel mitten in die Dornen und die Dornen wuchsen zusammen mit der Saat hoch und erstickten sie. Und ein anderer Teil fiel auf guten Boden, ging auf und brachte hundertfach Frucht." (Lk 8,5–8)

Und im Anschluss daran unterscheidet Bonaventura vier unterschiedliche Arten von Menschen, die sich höchst unterschiedlich auf den geistlichen Weg begeben haben: die Vergesslichen, die Lässigen ohne Festigkeit der Liebe und in Mangel an Geduld, die Vielbeschäftigten in zeitlichen Beschäftigungen, schließlich die Eifrigen, die wissen: Der Herr fordert gute Früchte von uns (Lk 13,6–9) und er hat jedes Recht dazu.

Paulus schreibt im ersten Korintherbrief: „So soll man uns betrachten: als Diener Christi und als Verwalter von Geheimnissen Gottes. Von Verwaltern aber verlangt man, dass sie sich als treu erweisen." (1 Kor 4, 1f) Was ist denn eigentlich das Geheimnis Gottes? Es sind wohl drei Geheimnisse, die von der Kirche und von jedem getauften Christen mit der Kirche treu verwaltet und vermehrt werden sollten: dass Gott lebt als Liebe (Dreifaltigkeit), dass er den Menschen auf ewig will (Schöpfung), dass er den Menschen trotz der Sünde weiter und noch intensiver will (Erlösung am Kreuz und durch die Sakramente). Dieses dreifache Geheimnis wird durch geistliche Menschen verwaltet und gelebt und dadurch beständig in dieser Zeit und in dieser Welt vermehrt.

Zum Stichwort der Welt notiert eben jener Paulus: „Wenn einer unter euch meint, er sei weise in dieser Welt, dann werde er töricht, um weise zu werden. Denn die Weisheit dieser Welt ist Torheit vor Gott." (1 Kor 3,18f) Die Weisheit der Welt ist Zeitgenügsamkeit und Gottvergessenheit. Das äußert sich im Streben nach Ruhm, Geld, Vorrang, Ansehen, kurz: nach der Ansammlung von vergänglichen Gütern. Dagegen ist Torheit in den Augen der Welt Streben nach ewig gültiger Liebe, sogar um den Preis der Vergebung von unverzeihlichem Leid. Das bloße Überleben ist scheinbar weise, darauf reduziert und fixiert aber am Ende töricht: Auch der reiche Prasser im Lukasevangelium lebt, aber fern von Liebe und fern vom armen Lazarus auf der Türschwelle seines Hauses (vgl. Lk 16,19–31); auch der verlorene Sohn überlebt dank der Futterschoten der Schweine, aber wie ein possierliches Schwein (vgl. Lk 15,11–32). Selbst der liberale englische Philosoph John Stuart Mill (1806–1873) bemerkt: „Es ist besser, ein unzufriedener Mensch zu sein, als ein zufriedenes Schwein; besser ein unzufriedener Sokrates, als ein zufriedener Narr!" (Utilitarismus, London 1861, 64) Die Zufriedenheit der Schweine und der Narren wäre für den Menschen mit wacher Geistseele bloße Friedhofsruhe. Er will aber mehr: Frieden, den die Welt und ihr Genügen nicht geben kann. Weisheit heißt dann: Alles geistig und vom Ende her zu betrachten; ein geistiges Projekt über das eigene Leben zu spannen; die Idee für wirklicher zu halten als die scheinbare Realität. Diese törichte Weisheit war in den Augen der zeitvertreibenden Weltläufigkeit immer höchst lachhaft; man denke nur an das Spottbild des einen Esel am Kreuz anbetenden Alexander in den römischen Katakomben. Diese Art der Weisheit nicht von dieser Welt wird mit dem Siegeszug einer materiell gesättigten westlichen Welt und in einem zutiefst säkularen Zeitalter mit einem vollkommen „abgepufferten Selbst", das sich aus seiner tiefen Verwobenheit und Einbettung in die einstmals „verzauberte Welt" zu lösen weiß, zunehmend unverständlich. Es wächst die gesellschaftlich normale religiöse A-Musikalität. Dagegen hilft aber keine angestrengte Verdoppelung der Welt, sondern nur eine (mitunter tapfere, immer geduldige, manchmal nachsichtige) Deutung und Verwandlung der Welt im Licht des Glaubens an die ewig bleibende Liebe Gottes. Die Welt bedeutet im Neuen Testament immer Fleisch, im Gegensatz zu Geist, und damit: Vergänglichkeit. Und es ist töricht und unsinnig, das Leben bauen zu wollen auf höchst flüchtigen und vergänglichen Sand …

Daher notiert wiederum Paulus: „Also kennen wir von jetzt an niemanden mehr dem Fleische nach; auch wenn wir früher Christus dem Fleische nach gekannt haben, jetzt kennen wir ihn nicht mehr so. Wenn also jemand in Christus ist, dann ist er eine neue Schöpfung: Das Alte ist vergangen, siehe, Neues ist geworden." (2 Kor 5,16f) Karl Rahner schrieb von morgiger Frömmigkeit des Christen als Mystiker, hier nochmals seine These im Original: „Der Fromme von morgen wird ein ‚Mystiker' sein, einer der etwas erfahren hat, oder er wird nicht mehr sein." (Frömmigkeit früher und heute, in: ders., Schriften zur Theologie, Bd. 7, Einsiedeln 1966, 11–31, hier 22) Gemeint sein kann nur eine Mystik der liebenden Verwandlung des Alltags, eine „Mystik der offenen Augen" (Johann Baptist Metz, Freiburg i. Br. 2011) des Samariters in Aufmerksamkeit auf Gelegenheiten zur Barmherzigkeit am Wegesrand, eine Mystik des unbeschwerten und beharrlichen Nachdenkens über Gott, so wie es mehrfach in den Evangelien von Maria berichtet wird: „Maria aber bewahrte all diese Worte und erwog sie in ihrem Herzen." (Lk 2,19; 2,51) Was hieße es für unseren Alltag der Frömmigkeit, niemand mehr dem Fleisch nach zu kennen wie Paulus sagt? Es hieße doch wohl, alles – jeden Wechselfall des Lebens – und alle – jeden Menschen – anzuschauen mit dem Blick der Ewigkeit. Oder anders: Wie gelangt ein jeder Mensch zu der sicheren Erkenntnis von Gottes Liebe? Nur darauf käme es an, alles andere ist bestenfalls schmückendes Beiwerk. Alfred Delp notiert im Dezember 1944, kurz vor seinem Tod im Januar 1945 in Plötzensee, mit Blick auf das Gleichnis vom barmherzigen Samariter und die buchstäblich menschenvergessenen Priester und Leviten in der Erzählung: „Wir sind trotz aller Richtigkeit und Rechtgläubigkeit an einem toten Punkt. Die christliche Idee ist keine der führenden und gestaltenden Ideen dieses Jahrhunderts. Immer noch liegt der ausgeplünderte Mensch am Wege." (Gesammelte Schriften, Bd. IV: Aus dem Gefängnis, Frankfurt a. M. 1984, 321) Dies geschieht immer dann, wenn wir nicht mehr Mystiker und geistliche Menschen des Alltags sind, und stattdessen fixiert sind auf das Äußerliche und Zeitliche und allzu Vergängliche. Und Bonaventura warnt in seinem schon erwähnten Kommentar zum Lukasevangelium: „Wir sind ermüdet, weil die Menge nicht das Wesentliche, sondern das Nützliche sucht!" (Commentarium Lucae 114 b) Wir sollten uns nicht durch einen allzu nützlichen Moralismus vor der Zeit der anbrechenden Ewigkeit ermüden lassen! Denn nur dann gelingen entschlossen weitere wesentliche Schritte auf dem Weg zum ewigen Frieden der Liebe Gottes, der ganz anders ist und sein wird als der Frieden eines beruhigt vor sich hin modernden Friedhofes.

LITERATUR

ARENDT, Hannah, Vita activa oder Vom tätigen Leben, München 2002.
ARENHÖVEL, Diego, Ur-Geschichte Genesis 1-11, Stuttgart 1981.
AUGUSTINUS HIPPONENSIS, Confessiones, ed. M. Verheijen (Corpus Christianorum Series Latina 27) Turnhout 1981; dt. Übers.: Bekenntnisse. Aus dem Lateinischen übs. und hrsg. von Kurt Flasch und Burkhard Mojsisch. Mit einer Einleitung von Kurt Flasch, Stuttgart 2008.
DERS., De civitate Dei, ed. B. Dombart / A. Kalb (Corpus Christianorum Series Latina 47–48), Turnhout 1955; dt. Übers.: Vom Gottesstaat. Vollständige Ausgabe in einem Band. Buch 1 bis 10. Buch 11 bis 22, aus dem Lateinischen übs. von Wilhelm Thimme. Eingeleitet und kommentiert von Carl Andresen, München ²2011.
DERS., De doctrina christiana, ed. J. Martin (Corpus Christianorum Series Latina 32), Turnhout 1962; dt. Übers.: Vier Bücher über die christliche Lehre, in: Des heiligen Kirchenvaters Aurelius Augustinus ausgewählte Schriften Bd. 8 (Bibliothek der Kirchenväter 1/49) Kempten/München 1925.
BENEDIKT XVI., Jesus von Nazareth, Freiburg i. Br. 2007.
BERGENGRUEN, Werner, Der Großtyrann und das Gericht, Hamburg 1935.
BONAVENTURA, Commentarium Lucae 536 b: Jan C. Klok, Der Lukaskommentar des Bonaventura von Bagnoregio als Handbuch der franziskanischen Spiritualität, Münster 2019.
CAMUS, Albert, Der Mythos von Sisyphos, Reinbeck 2000.

DELP, Alfred, Gesammelte Schriften, Bd. IV: Aus dem Gefängnis, Frankfurt a. M. 1984.

DEMMER, Klaus, Das vergessene Sakrament. Umkehr und Buße in der Kirche, Paderborn 2005.

DENZINGER, Heinrich / HÜNERMANN, Peter, Kompendium der Glaubensbekenntnisse und kirchlichen Lehrentscheidungen (= Enchiridion symbolorum definitionum et declarationum de rebus fidei et morum), Freiburg i. Br. u.a. 1991.

EVELY, Louis, Manifest der Liebe. Das Vaterunser, Freiburg i. Br. 1961.

GOGOL, Nikolai, Die Nase, Stuttgart 1952.

GÖRRES, Albert, Psychologische Bemerkungen über die Erbsünde und ihre Folgen, in: Christoph Schönborn / Albert Görres / Robert Spaemann, Zur kirchlichen Erbsündenlehre, Einsiedeln 1991, 13–35.

GROTIUS, Hugo, Recht des Krieges und des Friedens (De jure belli ac pacis libri tres), aus dem Lateinischen übs., mit erläuternden Anmerkungen versehen und einer Lebensbeschreibung des Verfassers versehen von J. H. von Kirchmann, Bd. 1, Berlin 1869.

GUARDINI, Romano, Annahme seiner selbst, Kevelaer 2008.

DERS., Der Herr, Würzburg 1951.

HAECKER, Theodor, Vergil, Vater des Abendlandes, München 1947.

HARTMUT, Rosa, Demokratie braucht Religion, München 2022.

HAUFF, Wilhelm, Sämtliche Werke in drei Bänden, Bd. 2, München 1970.

KIERKEGAARD, Søren, Die Krankheit zum Tode, Stuttgart 1997.

DERS., Der Begriff Angst, Stuttgart 1992.

LAGERLÖF, Selma, Christuslegenden, München 1936.

MÁRAI, Sándor, Die Glut, München 1999.

Metz, Johann Baptist, Mystik der offenen Augen. Wenn Spiritualität aufbricht, Freiburg i. Br. 2011.

Mill, John Stuart, Utilitarismus, London 1861.

Mommsen, Wolfgang J. (Hg.), Max Weber Gesamtausgabe, Abt. II: Briefe, Bd. 6, Tübingen 1994.

Nietzsche, Friedrich, Werke in drei Bänden, Bd. 2: Jenseits von Gut und Böse, München 1954.

Pascal, Über die Religion und über einige andere Gegenstände (Pensées), übs. und hrsg. von Ewald Wasmuth, Heidelberg 1972.

Platon, Gorgias, übs. und kommentiert von Joachim Dalfen, in: Platon, Werke. Übersetzung und Kommentar, Bd. 6/3, Göttingen 2004.

Rahner, Karl, Frömmigkeit früher und heute, in: ders., Schriften zur Theologie, Bd. 7, Einsiedeln 1966, 11–31.

Ratzinger, Joseph, Auf der Suche nach dem Frieden, in: ders., Werte in Zeiten des Umbruchs, Freiburg i. Br. 2005, 123–137.

Ders., Einführung in das Christentum, München 1971.

Ders., Jesus von Nazareth, Freiburg i. Br. 2007.

Schneider, Reinhold, Der Traum des Heiligen, Köln 1953.

Taylor, Charles, Ein säkulares Zeitalter, Berlin 2009.

Tertullian, Apologeticum, ed. E. Dekkers (Corpus Christianorum Series Latina 27), Turnhout 1954.

Vergil, P. Vergilii Maronis Opera, Aeneidos I–XII, ed. Roger A. B. Mynors, Oxford 1969, 103-422; dt. Übers.: Aeneis. Lateinisch–Deutsch, übers. und hrsg. von Edith Binder und Gerhard Binder, Stuttgart 2012.

Werfel, Franz, Der veruntreute Himmel. Die Geschichte einer Magd, Frankfurt a. M. 1982.

Zweig, Stefan, Ungeduld des Herzens, Frankfurt a. M. 1976.

Bibelstellen

Gen 1,1–2,4; 1,26–30; 2,4–3,24; 2,8f; 4,1–16; 5,15
Ex 3,14
1 Chr 2,55
2 Makk 7,14–37
Jes 7,10–13
Mt 5,3–11
Mk 1,15
Lk 2,11; 2,19; 2,51; 6,20–26; 8,5–8; 10,25–37; 12,32; 13,6–9; 15,11–32; 20,34–38; 19,9; 23,43; 16,19–31
Joh 1,17; 2,1–11; 3,1–8; 4,13; 4,43–54; 5,1–18; 5,14; 6,1–15; 9,1–41; 11,1–44; 11,4; 14,26; 16,23; 20,6f.; 20,1–18
Apg 9,1–7; 9,20
1 Kor 3,18f; 4, 1f
2 Kor 5,16f
Hebr 1,1–2; 13,24–25